一字眉&一字毛 著

我們很機車的遊歐了！

125cc歐兜拜×18國
×13889公里×110天的腦殘之旅

腦殘遊記

　　我們是來自屏東縣萬丹鄉的姊妹，在歐洲東征西拓的路上，因為頭髮常常沒整理加上被風吹得異常蓬鬆，一直有自以為是「太黃太后」的錯覺。

　　這本書的重點就是描述我們兩個鄉下少女騎機車環遊歐洲的故事。因為出事機率高，還為彼此買了巨額保險，家裡長輩也做好除戶的打算。但曲折的旅途帶我們走過絕世美景，千里跋涉的我們時時陷入「從前種種譬如昨日死，今日種種譬如今日生」的輪迴，像極了在高加索山懸崖上日日被老鷹啄的普羅米修斯，日復一日，生不如死。然而兩個人不僅沒有因為吃苦變得瘦弱乾癟，倒是吃了一堆美食，發福到淋浴時看不到腳趾頭（大家環歐回來不是都變瘦嗎？）！

在農業社會裡，「環遊世界」一直是遙不可及的夢想，對很多阿公、阿嬤來說，光用想的都覺得奢侈，能參加跨縣市的進香，人生就感到不虛此行了。而對我們來說，大概只能宣洩在小時候交換檔案裡的「願望」欄位，可惜看過的人不是馬上忽略你的偉大願望，就是根本沒認真看待你一筆一畫用心寫下的「環遊世界」四個字！

然而隨著年紀增長，才發現這個世界不是自己想的那麼單純。對一般人來說，求學階段結束等於是負擔家庭經濟的開始，有機會環遊世界的不外乎是一些很有規劃或家境好的人！正好我們都不符合上述資格，只是想好好認識世界。總之，我們還沒到可以跳過工作直接進入娛樂的階段，只是走過一些風風雨雨，漸漸體會到很多事不是能照計劃乖乖等我們的；多少人辛苦工作一輩子，打算退休後再來享清福、遊山玩水，結果無預警的一個小流感就走了，說好的旅行竟然只是完成最後必去的西方極樂世界！至此，不由得感嘆起人生的無常。不管怎麼說，人生是自己的，不要到老了才懊悔年輕時的選擇，畢竟最後做決定的是自己。

在這樣的感觸下，我們出發了。一路走來，堅若磐石的意志力也曾在辛酸中動搖，但想想「人生如棋，落棋不悔」，我們還是咬緊牙關的走一步算一步，最終平安回來。我們姊妹倆在不敵親友的勸說下（最主要是沒工作！），躺在家養病的同時，嘔心瀝血、鞠躬盡瘁的把整個旅途始末以最樸實又不做作的口吻，化身敬業但不專業的特派記者還原故事真相，堅持原汁原味呈現給不在場的你們！

關於寫書這件事有一點想特別說明，這本書其實是我們姊妹倆共同執筆，但為了讓閱讀順暢，全書是以妹妹一字毛的口吻來講述我們的經歷。書中的手繪地圖也出自一字毛筆下，希望對大家閱讀本書有點幫助。

其實整趟旅程的艱辛程度遠超乎我們的想像，好在我們的坐騎「黑金剛」也不負眾望的載著我們爬山涉水，讓我們看到一些壯麗的生命風景。真心感謝它在環歐這 100 多個日子裡，沒有半聲怨尤的載了兩個體重加起來 100 公斤的女人（謊報！）和保守估計 30 公斤的行李，走了將近 14000 公里的路（台灣環島海岸線約為 1044 公里，平均 8 至 9 天環島一次，我們等於這 110 天內環台 13 次）。到最後它在機車行裡被賣掉時，始終保有它一派的神情自若、道貌岸然，這應該也算是我們環歐騎機的「奇蹟」吧！

當然除了歷險記的部分，更難得的是，這本書著墨於兩個市井小民一路走來內心的蛻變和（體重）成長，以及不期而遇的美好事物和可愛人們！

說到這裡，不免俗的還是要寫上我們老早就想好的老套卻帶點感性的致詞：這本書要獻給我們最愛的阿嬤，如果當初她沒有放下一切離開，我們就不會千里迢迢來到西方世界找她，在我們吃很多很多苦的時候，目蓮救母的畫面不斷的在腦海裡重播，繞了這麼大一圈，才知道阿嬤根本不需要我們遠從東方相救，西方世界也太極樂了，連我們都很想移民！

再來，一字毛要告訴她未出世的小孩：「你老母和姨媽騎機車環歐。」並且命令他轉告他孩子：「阿嬤年輕的時候很瘋

狂也很漂亮！」（有嗎？）最重要的是，要獻給一直默默鼓勵我們的你們、在旅行中遇到的每一位朋友，還有熱愛旅行卻因環境或身體無法負荷的朋友們，我們用心為你們記錄旅行的美好（只有一點點不好），希望辭不達意的文筆能帶給大家一點點身歷其境的感受。

最後提醒期待在本書中看到什麼人生大智慧或以為能為人生帶來啟發的讀者，你想的這些本書都沒有，這只是一本兩個人自以為會有奇蹟發生的「腦殘遊記」結合差點洗腎的「西遊記（死腰子）」。途中我們做到了大包小包像偷渡客又像難民勇闖了18個國家，每天睡醒後全身常常有如被車輾過般不舒服。在此奉勸大家，環歐前還是要做點功課，才不會和我們一樣有一趟腦殘之旅。

目錄

自序　腦殘遊記 …………………… (002)

環歐騎機，預備！ …………………… (010)

一點都不難，不就只是去個愛爾蘭！ Ireland …………………… (018)

說破嘴走斷腿皆因果——英國 UK …………………… (028)

法國巴黎驚魂記 France …………………… (042)

如果要養老，就來盧森堡 Luxembourg …………………… (056)

比利時的好人們 Belgium …………………… (062)

迷幻國度——荷蘭 Netherlands …………………… (072)

大恩大德之哭笑不得 Germany …………………… (084)

丹麥居大不易 Denmark …………………… (092)

德國，很好過活 Germany …………………… (104)

太神騎了，捷克！ Czech Republic 116

藍色多「惱」河 Austria & Slovakia 126

兇牙利 Hungary 134

亞得理亞海之珠 Croatia 144

波黑其實不黑 Bosnia and Herzegovina 154

義大利，騎到沒力 Italy 166

差點回不去法國，南法 France 186

因為一個人愛上一座城 Spain 198

大雨也澆不熄的法式熱情 France 206

回不知道是誰的娘家 Ireland 216

環歐騎機，
預備！

　　我們最初的計劃其實是坐火車環歐。一開始，姊姊在地球那端跟我討論這件事，我非常興奮的從圖書館和網路上查看相關資料，也做了很多功課，後來發現歐洲政府提供給搭火車的青年、銀髮族和年長者很多優惠，對我們這些邁入三十歲的「初老族」卻不聞不問，這一點實在讓我們非常不悅，於是決定採取 B 方案──搭巴士環歐。

　　但搭巴士其實是件很辛苦的事，想起我們十年前曾很熱血的從美國德州搭灰狗巴士到紐約，坐到目的地的當下，原本看起來跟蜜桃一樣可人的屁股瞬間變得像生過兩胎，一整個旅途幾乎都耗在車上。或許是意識到這一點，疑似經常生理不順的姊姊，某天下午突然心血來潮的對我說：「我決定了，我們要

騎機車環歐！」聽到的當下，我真的不知道是要哭還是要笑。很少人選擇機車環歐，網路上的資訊也相當有限，所以我們每一步都得自己摸索。環歐的難度明顯提高，也增加了很多挑戰性，但即使沒有人告訴我們路怎麼走，我們相信自己能走出一條屬於自己的路。

出發之前

　　小時候看完《革命前夕的摩托車之旅》就想騎機車環歐的姊姊，下定決心要機車旅行的時間點，已經是出發的前兩週，時間非常緊迫。因為害怕中古車上路可能會有很多問題，所以姊姊利用一個禮拜僅有的一天休假日進行新車的多方比較，後來在愛爾蘭利默里克（Limerick）街道的商店，瞄到了躲在牆角綻放黑色光芒的 125cc 機車，於是她立馬拿出台灣婆婆媽媽最拿手的殺價伎倆（重點是她從沒上市場買過菜，也沒有美色可以用，難怪價格殺不下來），最終以 1995 歐元這個只殺了 5 歐的價格成交！就這樣，眼前的 SUZUKI 黑金剛 125cc 成了太后雀屏中選御用的幸運兒。

　　機車被送到姊姊在愛爾蘭的中國老闆家那天，鄰居小孩開心的列隊迎接，因為在那個小鎮，機車可說非常稀有，所以一堆小屁孩比我們還興奮的衝出來圍觀（很想收門票……）。看著機車黑到發亮的外殼，想到即將展開的「黑金剛奇幻旅程」，一股暗藏不住的喜悅在它的金屬光澤下不斷竄動，就像當下藏不住興奮的我們！可惜在跟家人和朋友分享我們的環歐騎機夢

時，大家的第一個反應都是：「怎麼可能，妳們瘋了嗎？！」於是我們決定做了再說，我們要讓環歐騎機不是夢，更要證明「我們沒有瘋」！

會選擇從愛爾蘭出發，是因為姊姊在愛爾蘭打工，而且她一直殷殷期盼我能早日退伍，兩人就能一起環歐，無奈軍旅生涯無法說走就走，硬是等到八月中，夏天都到了尾聲我才出發。

在八月中出發各有利弊。好處是過了旺季，沙發很好找、旅館優惠也較多；缺點是天色較早（六、七點）變暗（五、六月的愛爾蘭甚至到晚上十點還看得到太陽），冬天的衣物比較厚重。因此我們認為，五、六月啟程應該會是最佳時機。其實現在到歐洲旅遊很方便，不必帶什麼旅遊書或地圖，只要知道想去地方的英文地名，出國前用手機下載一個不需網路就可以導航的 App —— Sygic（記得先在台灣下載好地圖資料），就不必擔心會走失；更方便的是，Sygic 還有好多語言選項，舉凡中文、西班牙文、法文、英文……等多國語言，想省錢的旅人還可以選擇避開高速公路收費站，真的超級好用（大推）！！要注意的是，Sygic 能知道從你的所在位置到下一個點的距離，但沒辦法查點對點，如果要規劃各個點對點行程，還是要用 google map 喔。

此外，經過我們實地考察後發現，國外的機車行賣的安全帽價碼普遍昂貴，可以的話就要像我那樣把所有能搬、能扛的都帶過去。另外也要提醒大家，千萬要記得戴安全帽，歐洲只有在荷蘭騎 50cc 可以不必戴。合法的安全帽款式至少要是四分之三罩頭型的，別買到西瓜皮安全帽喔！也可以從台灣買個真

正防水防寒的手套，國外只要好一點的，價格都會讓人捨不得買下去啊（隨隨便便 50 歐起跳）。

　　還要提醒準備秋冬季旅遊的朋友（特別針對哭點很低的人，切記！），出發前別忘了一個很重要的東西——睡袋。要買特別保暖的，不然到時後悔就來不及了！冬季旅遊除了一般旅行配備，記得再帶個基本款的電熱棒和鋼杯，就可以隨時隨地快速來上一杯熱水，然後享受路人羨慕的眼光（也有可能是異樣眼光）。另外要記得換國際駕照，台灣的駕照最好也帶著哦！

沙發衝浪與住宿

　　相信重度旅行患者對於「沙發衝浪」（Couchsurfing）應該不陌生，市面上也有很多關於沙發衝浪的書（我們沒看過任何一本，如有雷同純屬巧合），所以接下來的分享是針對沙發衝浪的初學者。

　　簡單的說，沙發衝浪就是一個網站，網站上有來自全世界好幾百萬個會員，任何人都可以對任何一個國家的會員提出借住的請求，前提是自己也必須是會員。成為會員或對會員提出借住的請求都是免費的，但並不是每一個沙發請求都會被接受，個人檔案內容完不完整、評價好不好、請求的內容都與是否容易找到沙發高度相關。Couchsurfing 的 Couch 是沙發的意思，但很多會員提供的是家裡的空房間，而 surfing 指的是在網路上快速或連續搜尋資料之意，在中文被誤譯成「衝浪」，不過「衝浪」一詞似乎更符合是 Couchsurfing 的冒險精神。

在整個機車環歐的旅途中為了找沙發，姊姊看過不下千個沙發檔案，但可能看了三十個檔案卻只發出三個請求。因為我們不是亂槍打鳥型，很多人連沙發主人的檔案看都沒看，就用同一篇一模一樣的請求發給每個沙發主人，以為發了一百個只要有一個給他正面回應，他的旅費就省下來了；把沙發衝浪當成免費旅館其實是大忌。想像一下如果你自己是沙發主人，你收到借住請求時，對方卻只想找免費住宿，壓根不想和你有文化上的交流，你會想招待這個人嗎？而且你要去住的是一個陌生人家，對方可能跟你個性不合或只是想找炮友（義大利很多），如果這正好是你旅行的目的那真心恭禧你；如果不是，以下幾點供大家參考：

1. 盡可能讓你的檔案完整。試想，你會放心讓一個你一無所知的人來你家住嗎？

2. 仔細讀過沙發主人的檔案。真的太多人連看都沒看就發請求了，所以很多主人會在檔案裡放密碼（keyword）。

3. 沙發請求個人化，絕對不要複製貼上。

4. 如果有旅伴，最好附上旅伴的沙發檔案，被接受的機率會比較高。

5. 你的評價（reference）很重要！什麼都假得了，就是別人留給你的評價假不了。除非對方大費周章的同時申請好幾個帳號幫自己留好評，但其實用心一點是看得出來的。所以你的評價很重要，不管是你給別人的或別人給你的，都很重要！當你招待人或被招待後，雙方通常會互留評價，尤其是你去借住某主人的家，沒有留評價給對方是一件沒禮貌的事。

6. 你有什麼人格特質讓沙發主人非招待你、認識你不可呢？如果你的人生到目前為止都乏善可陳，家裡又有多餘空間，不妨先從招待別人開始吧。當你有了一定數量的好評，要找到沙發會簡單許多。

7. 當一個整潔、愛乾淨的客人。我們每次離開主人家前，如果沒時間幫他們整理得比原來乾淨，至少會讓環境保持原本樣貌。

8. 送個來自台灣的小禮物，例如台灣形狀的鑰匙圈，所得到的效果有時會超乎你的想像。

最後我想提醒的是，如果你本身不愛交朋友又很討厭交際，每次旅行回到旅館只想睡覺也沒有一顆很強的心臟，那我真心勸你不要用 Couchsurfing，不要為難自己也傷了主人想招待旅人的熱情，而且沙發衝浪有太多變數，也不是每個主人都能立即回覆你，像我們有很多行程是隨興到前一天才找到沙發的。不過，如果真的很想了解當地人的生活，又想省一點旅費，Airbnb 或許是另一個不錯選擇。

相信大家對民宿 BnB (Bed and Breakfast) 並不陌生，Airbnb 是比較新型的線上訂房，會利用 Airbnb 把房間或房子出租的房東通常家裡有多餘空間，也有一些打算去別處度假的當地人會把房子出租。有些屋主是你訂了房後根本不會碰見，但他會留訊息跟你講鑰匙放哪裡（這種主人在沙發衝浪也不少）。如果看到很喜歡的房間想訂又覺得超出預算，可以私下傳訊息跟房東議價，有時還能得到折扣哦！

關於住宿的安排，其實有一堆網站可以比較，像是 Agoda、Trivago、Expedia 但幫助我們完成這趟旅行的最主要有三個：Couchsurfing、Airbnb、Booking.com。如果是單獨旅行又想省錢且不介意跟很多人擠一間，可以考慮 Hostelworld。有些人以為住青年旅館會比較省，一個床位最低約三、四百台幣（西歐），但其實 Airbnb 上有超多五、六百台幣的雙人房，又不用像青年旅館十幾二十個男女擠一間。至於 Booking.com 大多數是旅館，價位比 Airbnb 高很多，但在東歐價位很親民，像在克羅埃西亞（Croatia）和波士尼亞（Bosnia）等地方，Couchsurfing 並不是那麼普遍，我們就是用 Airbnb 跟 Booking.com 替代。

關於機車與機車保險

在姊姊打過無數通電話給保險公司後，我們得到的結論是，以愛爾蘭來講，就算有愛爾蘭駕照（台灣與愛爾蘭可以免試換照，但要求很多，最重要的一點是需在愛爾蘭住滿 185 天），要在愛爾蘭投保機車險，還須符合以下條件之一：

1. 至少要在愛爾蘭住 3 年以上。
2. 本身來自歐盟。
3. 有當地人願意讓你投保在他名下（你們必須非常信任彼此，因為機車要登記在他名下，你出事他也有責任）。
4. 將三封被三家保險公司拒保的信（附上日期）e-mail 到 info@insuranceireland.eu （愛爾蘭負責保險的機構），並說明你被拒絕的理由，會有專人跟你聯絡。

// 我們很機車的遊歐了！

在歐洲很多國家，汽機車沒有保險不能上路，但有意想機車環歐的讀者，最好不要向保險公司透露你保機車險是為了環歐。姊姊一開始就是因為太誠實才會拒保率百分百。此外，愛爾蘭買車和賣車都非常簡單，機車行老闆甚至不會查看你的護照或駕照。買完車你會收到 Logbook，就是一張證明這輛車所有權的文件。切記，千萬千萬不要把 Logbook 放在車廂裡，如果車子不小心被偷了，竊賊也能隨意變賣你的愛車。

在歐洲，機車和單車的失竊率都非常高，而我們帶的鎖一路走來都被笑太陽春（天兵挖奔狼帶了一個還算有用的碟煞鎖，以及兩個連小偷都很看不起的腳踏車數字鎖……），因此我們認為黑金剛能夠安然無恙真的算是僥倖。在此也提醒大家，帶個好一點的鎖，讓自己玩得安心點吧！

就這樣，有如唐吉訶德和桑丘，一個瘋子加一個傻子，搞定一切出發去！

一點都不難，
不就只是去個愛爾蘭！

（ Ireland ）

　　確切去愛爾蘭的日期，到行前幾週才決定，以至於沒有及時買到從英國到愛爾蘭都柏林（Dublin）的廉價機票。於是我在線上先訂了船票，從容不迫的按下確認購買按鍵，竟硬生生揭開了一整個悲劇的序幕。

　　到桃園機場準備搭機那天，機場工作人員提醒沒有回程機票的我，可能會因有非法居留的嫌疑面臨無法順利入境英國的處境，於是他面有難色的暗示我該當機立斷買回程機票。聽到這席話，我小小的腦袋有一個「為什麼出國一定要買回程機票」的問號。在一時拿不定主意下，我黯然離開櫃檯。坦白說，當時我的左心房加右心室裡一共存在著若干足以讓心臟過度肥大的害怕，畢竟飛機行駛加轉機就得花上我花樣年華中的三十二

個鐘頭，若一落地馬上遭到遣返不只丟盡面子，還會讓剛剛開心來送機的家人，不知該不該開心我這出其不意的歸期。

不想惹是生非的我，立即在馬來西亞吉隆坡機場做出回程日期的決定和完成機票的購買。果然一抵達英國，海關問完我的名字後，下一句話就是要求看回程機票，當下真的很慶幸自己做對了，也因為我誠實告知海關和姊姊打算騎機車環歐，他就更小心翼翼翻閱我的個人資料……

入境英國的時間是當地早上六點多，我身上大包小包行李加起來差不多 40 公斤，顯然是我最甜蜜的負擔。從倫敦希斯洛機場（Heathrow airport）坐了一小時巴士到維多利亞車站（Victoria Coach Station），全程簡直就像喝過好幾杯濃縮咖啡一樣的讓人興奮至極。可是我準備搭的 Megabus 要下午四點才發車到霍利希德（Holyhead），這等待的過程才最讓人心慌。原本以為先進國家走到哪都有方便的免費 WiFi，結果讓人好失望的是它竟然沒有。

及時把我從負面情緒拉出來的是身旁一位法國媽媽，她的旁邊剛好有個空位，我挪過身子去卡位，很順其自然的開始與她交談。可能是我太害怕被質問了，所以在她還沒開口前我就先下手為強，沒完沒了的一直丟問題讓她接。她也滿倒楣的從八點多坐到中午十二點多，像是在記者會面對一堆接踵而來的問題。車子來的時候，我疑似看到她嘆了很深的一口氣，如釋重負的離開！她是我遇到的第一個好人，也值得得到一個我遠從台灣帶去的鳳梨酥。

看著送別的人送別、離開的人離開，我的心早已不想乖乖

// 一點都不難，不就只是去個愛爾蘭！

的在車站等車了，只可惜我的肉體離不開。終於，說好該準時發車卻又誤點的那班車來了。一上車，Megabus 的座位小到讓人覺得台灣任何一家長途客運都稱得上有總統座椅。將近六小時的路程，我忐忑不安的走過英國好幾個陌生的城市，在凌晨十二點多平安抵達我要到的港口——Holyhead（怎麼有點像在罵人？）。

準時兩點鐘出發的渡輪，讓乘客在睡意正濃的一點多熬夜辦理出境。海關人員簡單查驗身分後，大家進入了等候區。妙的是，一路搭乘的巴士在大家各自安檢完後，又載著所有乘客開上前往愛爾蘭的渡輪；車子駛進渡輪船艙後，所有乘客就像訓練有素的軍人，冗長的隊伍很有默契的散開，在渡輪裡尋找屬於自己最舒適的位子。三個小時後，抵達還看不出來漂不漂亮的都柏林港口（當地時間五點多，我覺得快爆肝了）。

交代這麼詳細的用意，除了想讓大家看到一個人在徬徨無助下自立更生的過程外，最主要想表達的是：「聰明一點，人生就可以不用那麼累！」其實從英國搭飛機到愛爾蘭，搭乘廉價航空的費用大約台幣 1000 多元，時間一個小時左右。巴士和船票搭在一起的費用是 18.5 鎊含稅，當時折合台幣約 925 元，不含等車、等船耗上的半天時間。我在這三天裡，一口氣轉機、搭車和坐船，覺得命運多舛的人生真的一點都不無聊！後來還好有順利轉車到都柏林車站，也搭了三小時的車去利默里克小鎮，才如願以償看到在愛爾蘭渡假打工的姊姊。儘管場面略帶溫馨，我卻累得什麼話都不想多說。我姊到現在還一直覺得我會自己到愛爾蘭是一個奇蹟。

愛爾蘭的夏天！！

大家都說愛爾蘭的夏天是一年四季裡最溫暖的，但我一直在反省，心想應該是我得罪誰了，所以故意要在八月用十幾度來冷死我吧！！話說也是自己笨，為了這趟旅行專程買了一個2900元的某品牌睡袋，我要強調，2900元還是我用沒什麼姿色的美色殺價來的，原價3000多。結果來愛爾蘭的第一天，我得穿羽絨外套睡覺才勉強睡得著。第二天，我心想它號稱可耐低溫到攝氏6度，就跟它賭了，不穿羽絨外套睡覺。隔天我因為太氣睡袋整夜一直偷走我的體溫，在早上五點哭著起床！！

會這麼不甘心是因為我姊的睡袋3500元，我每天就眼睜睜看著她一覺到天亮，而我整夜在那邊輾轉難眠。所以我緊急跟睡袋老闆聯絡，老闆說她賣的睡袋第一次遇到這種事！（她更沒想到經商這麼多年，竟然遇到奧客了）。想想也沒錯，一定很多人無法像我一樣命大，在那個節骨眼還可以死裡逃生。想像如果有人拿這個睡袋去登山，現在草應該也長很高了！

補充一點，應該很多人跟我一樣對睡袋都沒概念。姊姊兩、三年前買的那顆歐都納睡袋，羽絨量500克，售價3500元，我買的他牌睡袋羽絨量150克2900元。另外，歐都納的睡袋攤開立刻可以膨脹得像個肥厚的蠶蛹，我原本只能想像躺在裡面羽化成蟲的舒適，結果這樣一哭，姊姊看我可憐就大發慈悲答應讓我跟她一起睡，所以從第三天晚上開始，我就過著宛如寄生蟲的日子，在溫暖又擁擠的睡袋裡動彈不得。

1__ 愛爾蘭的路都很，寧願忍受不便也不願過
度破壞環境。

2__ 沒有來過莫赫懸崖，不要說你來過愛爾蘭
（這是鄉民說的，跟我們沒關係）。

3__ 天公伯啊，請告訴我夏天都這麼冷了，冬
天怎麼辦？

// 我們很機車的遊歐了！

何苦來哉？！

開心的拿到機車稅單後，我們邁向未知的旅程。我們準備用機車到每一個想去的城市寫故事。至於安全帽，它們是我特地從台灣扛過來的，我在帽子上面畫了最愛的阿嬤。我們的夢想是帶著阿嬤去旅行，希望阿嬤保佑我們的旅途一切平安。

不過才一開始，我姊就給我來個下馬威，一口氣騎了六、七個小時的路（之前騎兩、三個小時根本就是小兒科），在到達目的地時，我一下車就發現我的背好像快不行了，當下已經做好回台灣就立刻接受脊椎治療的打算。

大家一定以為騎機車應該還好。一開始我也是這麼想，而且我還是被載的那一個，能累到哪？都怪我太小看我們的行李了，行李是惡魔！！憑良心說，我覺得現在的旅行比當兵還累！路途中揹著大背包有如揹著一個重達十幾公斤的巨嬰在身上，還要隨時隨地掌握路線，一直跟很愛帶我們繞遠路的導航鬥智，又得扮演攝影大哥的角色，拍攝一連串真實的旅途風景（拭淚）！從沒想過這趟旅行會這麼耗能……

經過昨天的苦難，今天我們就有賣掉機車的打算，想不到立刻找到一個買主！在得知有人願意買的同時，我的腦袋瓜湧出很多我們搭車、搭飛機、搭火車環歐，然後在車上睡到流口水的畫面。要不要放棄騎機車圓夢的念頭就在一瞬間，在這個念頭萌芽的時候，我想起昨晚的夢。夢裡是劉德華拍戲現場，是一部很逼真的災難片，身邊是流彈亂竄和四處逃難的民眾，就在我還很疑惑為什麼出現在那裡的時候，華仔突然牽著奶奶

1__ 我畫了最愛的阿嬤，帶阿嬤一起機車環歐。

2__ 愛爾蘭很多地方都很有中古世紀的味道。

3__ 這麼大的塗鴉，是浩大工程，但讓老房子馬上活了起來。

4__ 利默里克的國王約翰城堡

5__ 愛爾蘭的車都要掛上繳稅證明（Tax disk）。

的手，要我帶奶奶去安全的地方。一牽到奶奶的手，那個記憶
裡的溫度就讓我哭慘了，不知道是不是哭了太久，佔掉天王太
多時間，一轉過頭華仔也不見了，害我更想哭⋯⋯

　　在我自己初步完成夢的解析後得到最貼切的詮釋，應該就
是奶奶也不希望我們放棄夢想。於是，看完愛爾蘭超級澎湃的
「大河之舞」後，我們決定隔天前往下一個國家，繼續寫故事。

　// 一點都不難，不就只是去個愛爾蘭！

與機車一起從愛爾蘭到英法

不管是開車、騎機車、騎單車或只有你本人的肉身，都可以選擇用搭船的方式，從愛爾蘭到英國或法國，或是從英國到法國，船費是以車輛類型再加人頭計價。以我們騎的 125cc 再加兩個人為例，從愛爾蘭都柏林港到英國霍利希德或從法國瑟堡（Cherbourg）到愛爾蘭的羅斯萊爾（Rosslare），費用都是約 100 歐元；從英國的多佛（Dover）到法國的加萊（Calais）費用約 30 英鎊。早點訂不會特別便宜，但太晚訂絕對會貴很多！

訂完票後，會收到電子船票，搭船的時候再秀你的電子船票給船務人員看即可，他們會檢查你的車牌號碼和護照是否符合，過程中沒有安檢。

針對台灣人要特別注意的是，有時候船務人員會看很久，然後認為你沒有入境資格，通常是因為他們看到的是護照上的 Republic of China 而不是 TAIWAN，其實只要稍微提醒他們是 TAIWAN 而不是 CHINA 即可。但為了預防部分海關會搞不清狀況，我們還是有把申根國免簽證明文件列印下來隨身攜帶喔（可至外交部網站下載英文版）。

提供幾家船公司名稱供查詢參考：Stena Line、P & O ferries、Irish Ferries、DFDS。

另外，英法之間的交通也可以考慮汽、機車都能上去的火車，時間較短，但費用較貴。

說破嘴走斷腿皆因果
——英國

UK

　　故事是從準備離開愛爾蘭那天開始。我們清晨五點就起床了，大包小包的趕著去搭八點二十分的船。因為我們是騎著機車離開這個國家前往英國，所以特地準備了護照還有機車相關證件和資料，超怕一有閃失，可能就和 100 歐擦身而過；更嚴重的是讓海關覺得我們很可疑，或許當眾遣返我們回台灣……

　　很詭異又很幸運的是，港務人員從頭到尾只有確認我們網路上訂的船票，大概瀏覽二十秒就讓我們進入準備登船，然後入境英國（完全沒有安檢，簡單到一個很誇張）！

　　上船後，我才想起我的護照上也沒蓋過入境愛爾蘭的章。英國和愛爾蘭之間，整個蘊藏著一種讓人困惑的關係，而且還製造出一切有秩序又很隨意的氛圍。

順利入境後，我們騎上霧氣籠罩的高速公路，突然間一陣暴雨，我們找不到一個遮蔽的地點可以穿雨衣、包行李，只好緊急停在路肩，看著後方一輛輛時速少說一百起跳的砂石車、大貨車呼嘯而過，腿都快軟掉了，很掙扎是否繼續上路。在進退兩難的情況下，我們還是選擇勇往直前（口氣說得一副很壯烈，但其實是怕待太久被開單，不得不走⋯⋯）。

沙發主人的有氧訓練

我們在風雨中很狼狽的去拜訪了沙發主人 Dougie 和 Beth。當時英國用最熱情的 10 度氣溫款待我們，我們一整個發抖著到人家家裡作客，主人看到抖動的我們，還以為亞洲人天生就這麼活潑！我的雨衣，在台灣買的，才穿過兩三次就破成像參加過二次大戰，於是我當場把它丟在加油站垃圾桶，為它的生命寫下休止符（它沒有環歐的命！）。

在沙發主人家的第一天，我們一起在室內玩射飛鏢。因為我是 loser，所以超沒興趣聽他們講玩飛鏢的規則，而姊姊意外的成為四人之中的第一名，應該也算是台灣之光吧！

在沙發主人家最令人感動的是，Dougie 很用心為我們準備了大餐和甜點。他為了甜點的食材冒險闖入不知道誰家果園，這讓我明白了什麼叫「強摘的果實不會甜」！

第二天，我們幫車子加了滿滿的油，在 Dougie 的專業帶領下一口氣去了好多地方，每個地方都讓我們大開眼界，這應該是我人生中第一次拍那麼多風景照的一天吧！但是再怎麼說，

在時間很緊迫沒有辦法——找主人的情況下，可以試著公開自己的行程，或許會有意料之外的回應，我們就是因此在極熱門的巴黎找到願意讓我們待一個禮拜的好心主人！但很多時候也不乏許多裸體主義者熱情回應，礙於天氣太冷我們只好敬謝不敏。或許等我們當了阿嬤後比較不害臊，他們還有興趣我們會認真考慮。

主人幫我們準備的大餐。

看圖的人永遠不知道小丑是用多少辛酸和眼淚，化作喜悅呈獻給大家的。

　　首先我們去參觀了威爾斯的遊客必去的一個小鎮，它有個歐洲最長的地名叫做「Llanfairpwllgwyngyllgogerychwyrndrobwllllantysiliogogogoch」，由五十八個字母組成，真的很長一串，音譯為「蘭韋爾普爾古因吉爾戈格里惠爾恩德羅布爾蘭蒂西利奧戈戈戈赫」，原意接近「湍急漩渦附近白榛樹林山谷中的聖馬利亞教堂和紅岩洞附近的聖田西路教堂」（在這裡搭車，唸完站名車子應該也走了）。

　　後來Dougie帶我們去城堡附近逛逛，還走了他熟悉的小徑。我們登上小山最高峰，頓時有登高必自卑、行遠必自邇的感覺

（騙人，其實我根本沒料到要爬坡，他走超級快！至於我和姊姊意下如何？腋下變瀑布啊！根本不知走了多遠和多陡……）！

接著他說要帶我們去一個地方看海散步。切記，外國人講的散步都是騙人的，他們手長腳長，走一小步是散步，但我們都變成小跑步！本來以為是很浪漫的看海，坐在沙灘看著潮起潮落……哎，不是，對我們來說是媽祖繞境，每一個角落都不放過要走去看，把門票發揮到一個淋漓盡致。值得開心的是，我們遠遠看到了三隻小海豚。途中沙子一直跑進鞋子裡，整個很像在走健康步道，就這樣走了兩、三個小時，我們內心其實大喊著：「我們並沒有要這麼健康！」

熬過了一個非常有氧的早晨，下午終於能坐著車悠閒穿梭在史諾多尼亞（Snowdonia）國家公園美麗又壯觀的山谷裡。整

歐洲最長地名的小鎮，
名牌超長。

排山的兩側都是巨無霸石頭，讓我覺得它們根本就是電影《諾亞方舟》裡的巨石怪。這些石頭用各種姿態靜靜在那邊等待被欣賞，只可惜相機無法一比一呈現原物，不然大家一定會跟我們一樣震撼。更令人讚歎的是，在石頭山後不遠處，出現了一座座綠意盎然的山陵，真的是柳暗花明又一村！

　　從山裡回到平地已經傍晚五點，原以為這就是一天充實行程的尾聲，殊不知還有一個壓軸，差點讓平常根本沒在爬山的亞洲女子過勞死。讓我隆重介紹一下最後去的這個渡假勝地，是一個依山傍海、建築超托斯卡尼的山莊，名叫「Portmeirion」，傻傻的我們，竟然幸運的被帶到披頭四的 George Harrison 每年夏天必來的渡假村！就這樣，我們離偶像又更近一步，但一進來也徒步走了一個多小時，腳都走到變 O 型腿。在回程的路上，我決定當天回家就要狂打呼，真的太累了……

淚灑倫敦

從利物浦騎往倫敦的那天，一共坐了將近九個小時的機車，我實在很想知道上輩子到底造了什麼孽，現在要來還這個機車債！！機車奔馳在田野鄉村小路上，看到、聽到、聞到的都是最真實的英國，真實到讓很多幻想破滅。

請大家不要跟我一開始一樣，以為國外的月亮比較圓，田

1,2,3,4__威爾斯美得好像假的。

5__Portmeirion 渡假村很有托斯卡尼風。

6__披頭散髮到利物浦看披頭四。

野間都會散發著花草樹木的芬多精。根本大錯特錯！英國和愛爾蘭的田園風光很像，這裡牛、馬、羊很多，路上撲鼻而來的都是糞便和尿騷味，所以事實證明，國外動物排泄物也不是香的，聞多了還會有暈車的現象。

因為駕駛幾次都沒聽到我在後座專業的導航，一直繞冤枉路，加上風很大，別的騎士都戴有對講機功能的安全帽，而我們的安全帽是陽春基本款，所以常常喊破喉嚨也不知道對方在講什麼！為了克服溝通障礙，姊姊突發奇想發明一套手勢叫我背起來；一開始只有幾個，到後來研發了一大堆，那些手勢應該也可以出一本書了！不敢相信的是，我還真的有認真背……

最後，我們終於來到倫敦。這時我突然想到自己為什麼要放棄原有的一切來追這個超級沉重的夢想（而且這個夢想還是姊姊的！），我的眼淚伴隨著倫敦的酸雨，嘩啦啦的流下來……我奢侈的想著：「旅行要是沒有這麼多包袱，該有多好啊！」

有種感覺叫做「煞到」，就是活生生的背或脊椎被擠壓，以致於笑的時候內臟像被瞬間打到那樣用抽痛來暗示你得立刻把笑縮回去，嚴重到只要整個人站直，背就會痠、會痛，這都是我字典裡的「煞到」。沒錯，揹了好幾個鐘頭的包袱，我煞到了！從台灣到愛爾蘭，我不顧姊姊的規勸扛了這麼重的行李過來，再加上姊姊的行李，不知道為什麼大導演李安不來找我演《斷背山》！在煞到的當下，我很認真的跟我姊說：「我的氣過不去。」而她沒幫我買十八銅人行氣散就算了，居然還從伯明罕（Birmingham）一口氣騎到倫敦，總共 100 多公里（順道繞去牛津，進倫敦還大塞車，我生平第一次想跟她脫離血緣關係）。

1＿倫敦街景
2＿牛津附近很像高級住宅區的社區

　　我們的行李實在太多，包含旅行至今未曾使用的帳篷，還有很多野外照明設備。當初真的是做好露營的打算，但歐洲天氣很怪，八月就開始變冷，一天之內來個春夏秋冬交替，有時熱有時好冷；如果去野外搭帳篷，應該可以在報紙上看到標題「兩名異國妙齡姊妹花半夜失溫，陳屍公園」之類的新聞。

　　總之，旅途太艱辛，從原本看到什麼都會興奮尖叫的喊：「耶，倫敦！」變成「哎，倫敦⋯⋯」情緒起伏很大。在英國走馬看花幾天下來，覺得這裡很美，但也不足以讓我忘掉「花英鎊心在滴血」的事實。

　　離開倫敦，我們來到馬蓋特（Margate）這個城市，發現英鎊在這裡變得很大，1 英鎊竟然可以買到兩個精緻又華麗的小蛋糕。這裡的沙發主人 James 帶我們去吃一間便宜的餐廳叫「The Lord Moon of the Mall」，倫敦也有連鎖分店，一客漢堡套餐 7~8 英鎊，好吃但不建議常吃（一份我們都吃不完！）。和 James 相處很難忘的是，我們參與了他的微電影拍攝，擔任臨時演員，

倫敦鐵橋不要垮下來，拜託！

而且很妙的是，我們的台詞巧妙結合了英語和台語，希望有朝一日台語也能躍上國際舞台！

隔日，我們跟英國道別，從多佛（Dover）搭船到我最期待的法國。雨天讓我們的心情從期待變沉重。為了分散注意力，在船上我們這兩個異國女子竟然無聊到拔彼此的白頭髮（認真的背包客都在做旅遊相關功課，我們到底在幹嘛？！），拔著拔著一個半小時就到法國加萊港（Calais）了！這陣子用腦過度，因為要一直算英鎊乘台幣、歐元換台幣等等，對數學不好的我來講壓力真的很大，因此萬萬沒想到有一天我會以河童的造型，登陸我最愛的法國！！

我們在船上還認識了一群騎重機的英國不老騎士，讓我們對旅行又重新燃起熱情，也有了更多體悟；他們還教我們怎麼

1__ 大英博物館，入內參觀免費。

2__ 白金漢宮。女王去度假，錯過我們她一定也很遺憾。

3__ 歐洲最大的景觀摩天輪「倫敦眼」

4__ 在倫敦意外找到另一家好吃的早午餐 Red House Cafe & Bistro，兩人吃了 13.4 英鎊，超推薦！

5__ 不老騎士抬人是什麼梗？

6__ 我先去指揮交通了！

把機車固定在船上，浪大時機車才不會倒。離開船艙，當時下著豪雨，很巧的我們在高速公路休息站重逢（他們以為甩得掉我們，不可能！）。新朋友看到我們不專業的裝備和雨衣，馬上很大方的送我一套我們在倫敦想買卻買不到的兩截式雨衣和一件螢光交管衣，終於能讓陪我們撐過無數苦日子的輕便雨衣入土為安了。為了報答他們，我送上我們的大背包，但是立馬就被不老騎士回絕，害我有點難過。然而，一換上他們送的這套裝備，我開始擔心在法國會被恐怖份子攻擊，因為看起來超像交通警察（很有事）！

Anyway，我們在雨天全副武裝的抵達法國了！

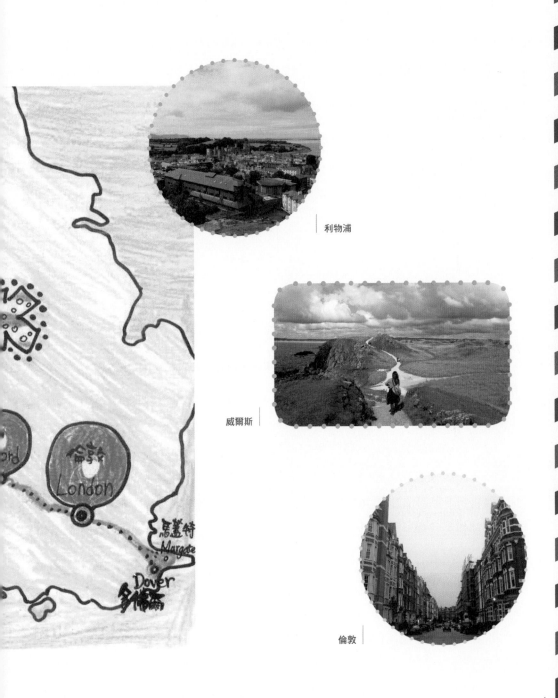

利物浦

威爾斯

倫敦

法國巴黎
驚魂記

(France)

　　抵達法國後，從里耳（Lille）風塵僕僕的騎到巴黎（Paris），卻在巴黎市面臨第一次被警察正式攔截！這則故事，讀者大概只要花兩分鐘就讀完，但當事人卻整整發抖了兩天……

　　唉，在法國的第一天，我仗著學過幾年法文就對法國鬆懈了（好想念法文老師，她一定不想承認教過我這個學生！），所以當我們千里迢迢騎了200多公里到巴黎被三位警察攔下時，我超級窩囊的（嚇到都不敢換氣）。他們一開始盤問我姊的時候，我先是抱著看好戲的心情在旁邊納涼，後來警察很嚴肅的說：「口罩、安全帽都脫掉！」而且愈來愈大聲，我才意識到他們是認真的。

　　其實我和姊姊在那個路口方圓幾尺外，早就注意到在圓環

旁邊守株待兔的警察，於是我們繞過圓環時超級小心，還從外車道切進內線道躲在一輛貨車後方，沒想到這三名假裝在聊天的警察老早就嗅到兩名亞洲女子在附近鬼鬼祟祟，外加樹大招風的背包，我們很自然變成可疑的目標。

這個盤問我們的警察把所有證件仔仔細細看過一遍，頭腦相當清楚又慢條斯理的問我們問題，因此我和姊姊都做好了坐牢的打算（超想吃免錢的牢飯！！），結果我們最擔心的保險文件部分他老兄竟然跳過，直接來到最後一題！他問完問題要放我們走的時候，我和我姊都有一種遇到死神但死神沒有要理你的感覺。姊還很可愛的問他們：「請問我們有做錯什麼事嗎？」還好警察說沒有，他說攔住我們只是因為我們從台灣帶過去的安全帽上面沒有三個反光貼紙（啥？為了三張小貼紙搞得我們人仰馬翻！！）。

在他們對話的同時，我在旁邊想偷偷摸摸拍下這個難得的經驗和朋友分享，卻只敢拍警察的腳。突然間，我不明白為什麼自己這麼孬，我不想讓歷史把我認定為那種遇到警察就一句話都說不出來的人！於是，我鼓起勇氣拿著手機，對著警察們說：「我可以拍你們嗎？」（就只有一句，但我一定要強調是用法文說的！）結果他們竟然答應了，而且在說「好（Oui）！」的當下 pose 還擺好了。大家就在這有點搞笑的氣氛下，結束了一場很可怕的鬧劇……

接著，我們展開了在巴黎為期一週鬼混的日子……

1__巴黎的警察一開始很嚴肅，其實很隨和
（整個很像在拍電影）。
2__巴黎街上這種透水磚讓我們的黑金剛很
不開心……

黑色巴黎

姊姊之前來過巴黎，當時由於姊姊有感於巴黎沙發的熱門，所以早在找到英國沙發前就已著手進行巴黎的沙發搜尋。經過一年，巴黎的沙發熱門度有增無減，所以姊姊決定在Couchsurfing上公開行程。回應的人不少，姊姊以評價去衡量要接受哪個沙發主人的邀請。

我們很幸運的在十三區找到了可以住一個禮拜的沙發，我知道我們上輩子拜拜一定有燒好香，這輩子才能有這些福報。沙發通常是姊姊在「發落」的，所以我是在見到這個主人的前幾分鐘才知道他是黑人（馬上和可怕的十三區做聯想），當下第一個反應就是把剛剛的話和嘴裡的口水一起吞回去。但這個反應很糟糕，違背了旅行交朋友的理念，畢竟要來歐洲前我看了一堆有關巴黎的治安和黑人有多可怕的言論，讓我幼小的心靈留下了陰影。坦白說，姑且不說什麼種族歧視，當時我還真的滿怕黑人的（這樣不就是種族歧視！？）。

我們和巴黎這位黑人沙發主人約在捷運站外頭，當我還在問姊姊為什麼巴黎的捷運招牌要做的那麼像麥當勞招牌時，我想起一直藏在背包的瑞士刀，該是時候放到伸手就能摸到的

右側口袋了。後來，沙發主人準時現身，我們微笑著（別怕，我笑裡藏刀）並客套的來上一段朋友見面的親臉頰儀式。

　　他一碰到我感覺還算正常，他在耳邊用氣音告訴我說他叫 Roland，這名字的法文發音聽起來像中文的「喉嚨」，於是我也不甘示弱的回他說我叫 Monica Chen（摸你咖稱），他應該聽不出我的幽默點所以沒笑。當然，第一次見面的感覺很重要，我很盡力排除刻板印象和主觀斷論，還是很抱歉的給他打了個零分（沒辦法，認識我的人都知道我在打分數上非常有原則也非常嚴格，就算請議員來關說也不能改！）。

　　接著我們一起去大賣場購買生活必需品。一進去賣場，Roland 帶著我們跟他在賣場當保全的朋友打招呼（又是一個黑黑的人），我們突然擔心起是否被引進龍蛇雜處的毒窟，然後就再也不見天日了，我想起我的朋友、最愛的家人……，正當陷入一陣焦慮時，我眼尖瞄到櫃檯收銀的女士們不是黑色的，才如釋重負的跨出通往賣場的第一步（內心戲有點過多！）。

　　我們像例行公事般以跑百米速度前去查看架上香蕉和巧克力醬的價錢，對我們來說，這兩項商品就是評估當地物價和生活水準的重要指標（賣愈貴代表愈沒水準？）。在大家都嚷嚷著物價有多昂貴的這個城市裡，我們意外的看到了非常親民的價格，這讓我們知道巴黎是個可以留下來發展的好地方（沒錯，我們一股腦兒的以偏概全）。

　　既然可以考慮日後發展，那要改變一下對 Roland 的態度（勢力眼），打著如意算盤的我，嘴角不經意的上揚。我馬上跑去找他，在超市繞了兩大圈都沒看到這個人的影子。明明上一秒

巴黎的藝術橋與法蘭西協會

還有說有笑，只不過暫時分道揚鑣，他不可能丟下我們不管的，於是我不死心再繞去搜索，後來發現他躲在一個陰暗角落，手上握著一包溼紙巾。本來以為他是看到我太感動準備拿來擦眼淚，結果竟然是專程買來覆蓋推車手把。在此，我要代表福爾摩斯直接判斷他有潔癖！而且愛乾淨的程度超越常人，甚至連握手都怕被傳染細菌，所以只能改採拳頭對拳頭的打招呼方式，總之他說什麼也不願跟別人握手，這真的挺……（新鮮？！）。這也是為什麼他一天就要用掉好多張溼紙巾和衛生紙（地球只有一個，ok？），舉凡按電梯、握門把、摸扶手，就連在家拿湯匙、炒菜鍋或開冰箱，他老兄都覺得細菌纏著他不放！後來又知道他是空手道黑帶還是什麼帶幾段的教練，鐵漢柔情的他一舉一動頓時讓我們覺得好心疼又好好笑！

掌握了 Roland 的罩門，我們融入黑人的生活更加如魚得水，因為我們知道他害怕我們充滿細菌的手比我們害怕他還要多。就這樣，我們生活在不知道他到底想要表達什麼的英文裡，除了培養耐心，也順便修身養性（要是在台灣有人叫我每一句話至少講三遍，我們應該會去拿凶器）！！

我們的相處，在誤會和很多剪不斷、理還亂的情形下顯得特別好笑。好幾次關燈後就真的看不到他，還有每次用拍立得拍照，就發現少了特定的人。然而在我們每一次低能又無心的傷害下，他就像上人一樣，用超高的智慧化解，事後回想起來才覺得他真的超級無敵可愛。所以在這裡，我要鄭重向大家說：人真的不可貌相，像他這樣大剌剌的人，竟然在沒有政府官員的監督下非常認真的落實垃圾分類，還撿了很多寶特瓶瓶蓋要

1＿莎士比亞書店，我老公金城武有來過。

2＿電影《艾蜜莉的異想世界》裡的咖啡館。

3＿聖心堂

4＿巴黎聖母院。遊客多的地方常有軍人持槍巡邏。

幫助弱勢兒童，畫面看了都讓人覺得好溫馨（也太不搭了）！

　　當然會說他好話，並不只是因為他時不時會誇讚我們（我們沒有那麼膚淺！），而是每一次我們準備出門時，他的眼神好像大家是第一次見面，也像是第一次看到亞洲女子一樣。他對我們不一樣的外表和膚色感到好奇，像牙牙學語的嬰兒，在腦裡一片渾沌還分不清楚「漂亮」還是「特別」這兩個詞彙時，就清楚知道要用副詞「很」加在對的形容詞「漂亮」

前面送給匆忙的我們（這不就是女生最愛聽的！！）。我想表達的是他心思好細膩，總是看到好多人看不到的美好，而且非常真心的感謝我們願意跟他們當朋友。

　　相處的日子一天比一天有趣，特別是當你丟垃圾時不經意的小轉身，人家就覺得你美若天仙；就連洗個碗人家也覺得你未來就是個好媳婦、好太太，自然而然，你也會覺得自己放屁好像是香的……

　　在與黑人朋友和朋友的朋友們大陣仗出去玩了幾次，走在街上就有種我們就是老大的錯覺（名副其實的狐假虎威），殊不知是我們之中一位黑人朋友 Alex 的胸前有好幾個很大塊的麥脆肌，又有九頭身的魔鬼好身材，而他竟然還有天使心（可以尖叫了！！），好幾次看到街上乞討的人就會大方上前樂捐。還有一次他看到有人暈倒在路上，二話不說就衝上前幫忙，看在眼裡的我整個給 Alex 大加分，加上他會做很好吃的巧克力慕斯，在口頭上我就先答應了他的求婚（You got it，這神來一筆是……傳說中的伏筆！）。

　　在巴黎的日子，因為黑人朋友的關係，我們到各處景點看到賣小東西的其他黑人，瞭解之中一連串事實和真相後，令人不勝唏噓。他們沒有大家在書中、部落格和臉書上討論的那樣可怕了，在他們推銷商品的同時也是光明正大的像其他攤販一樣叫賣（雖然有些人的推銷方式非常強迫），然而因為膚色不同，連帶什麼行為都被抹黑了，在來回不斷被遊客拒絕的路上，從沒有人給過他們正眼的尊重，這點很叫人鼻酸。

　　因為 Roland 是空手道教練，他的一位朋友應該是看我們

1__ 誰會來巴黎學空手道？我們啊！

2__ 聽說凱旋門這個圓環在尖峰時刻，車子進去半
個鐘頭還繞不出來。九月初的巴黎很冷啊，我
居然帶夏天的衣服來環歐……

姊妹倆感情太好而心生妒忌，邀請我們去上空手道課（很跳
tone，我們生平上第一堂空手道課是在浪漫的巴黎，好不搭！）。
一開始我們覺得非常有趣也學得非常起勁，傻傻的在什麼都不
知道的情況下就直接踢館，互摔彼此，還把內心累積的宿怨在
這個被設計過的教室現場做了徹底的宣洩。隔天早晨醒來，我
們一陣腰痠背痛後才恍然大悟，知道自己上當了，難怪在課堂
上 Roland 看到我們如此積極表現都一直拍手叫好（看來 Roland
的分數連打都不用打了，一定很難看啊！）。

哈哈，我覺得他在法國如果看到這篇文章應該已經在吐血
了，其實他真的沒有那麼糟，也是有好的部分，像是多虧了他，
我們第一次吃到烏漆嘛黑的香蕉（不要想成色情好嗎，很低級
耶！！），那是一種不同品種的香蕉，口感很獨特，我們不知

道有沒有其他吃法，但是 Roland 把它切片再油炸後給我們品嘗，口感和炸地瓜好像，好油好好吃（找到驟胖的原因了，又是天殺的 Roland ！）。

　　結束了八天的逗留，我們離開了巴黎，離開這麼浪漫的城市，試圖在其他地方找回和他們相處的快樂。只有每當看著發光的巴黎鐵塔照片時，才依稀觸及一絲絲片刻的美好。

　　再見了，巴黎，我的愛！

1__艾菲爾鐵塔本人好美！

2__路邊隨便一間教堂，走進去都被美到了！

3__拉法葉百貨頂樓的免費風景

4__夜晚的羅浮宮

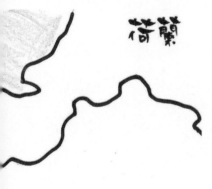

荷蘭

比利時

巴黎

巴黎

Reims

如果要養老，
就來盧森堡

Luxembourg

　　之前太迷戀法國了，所以對盧森堡這個人口只有大概五十萬的小國並無多大期待，到了當地竟很想向盧森堡本人下跪，我們低估它了。

　　盧森堡的朋友 Tristan 是一個很懂生活的人，他熱愛大自然也非常溫和又用心的迎接我們這四天的停留。認識了他，我們幸運的走進了其他幾位朋友的世界。Tristan 的室友組成來自波蘭、克羅埃西亞、英國，就連他本人也不是盧森堡人，不同的是他們對「家」的用心布置及維護，讓姊姊想到了澳洲打工時期的 Share house，常常家裡就是聯合國。

　　看到歐洲地大物博的資源，隨手捻來就有發展跨國企業和出國深造的機會，我們不禁流露出羨慕又忌妒的紅眼。然而，

在我們即興的行程裡，來到盧森堡市的第一晚剛好遇上當地舉辦最後一夜的 funfair 活動。我們和 Tristan 一同前往，現場就像是一個非常盛大的嘉年華會，充斥著此起彼落的尖叫聲和歡笑聲，而每條攤販圍起來的路都被人潮擠得水洩不通。為了節慶，商人聚集組搭而成的遊樂設施和攤販小吃遠比要付門票的遊樂園還五花八門。

走在這個人擠人的路上，很棒的是我們能夠全心全意的吃喝玩樂，不必太擔心隨身行李遭竊或是扒手趁亂下手之類的問題，除了盧森堡市的治安很好之外，最主要是大家都看得出來我們是這裡最窮的人。與我們眼神交會的路人，除了可能是難得看到亞洲臉孔而多看幾眼外，其實多半都流露出想要施捨我們兩歐的憐憫！！

看在我們眼裡的盧森堡好富有（也難怪啊，國民所得世界屬一屬二），房子七、八成都好漂亮，而且定期做好外觀保養，不時就能看到幾戶人家在外牆塗塗抹抹。除此之外，這個國家也有一堆愛包工程的團隊，到處都可以看到挖馬路、鑿洞穴，感覺得出來政府很積極想做事（選舉快到了？）。馬路很乾淨，而且路上和我們一起奔馳的車輛放眼望去少說賓士起跳，法拉利還分辨得出來，其他很多大概都是在台灣沒見過的名車（其實我們也還沒研究到車子那塊領域），只希望我們的車和他們的車不要有什麼親密接觸，不然一定賠不起！就連市區的公車都大到有三節車廂，可以想像路有多大條，而且有的公車好新，在豔陽高照下一直閃閃發光（聽說舊的公車都賣到落後國家了……）！！

　　在貨幣方面，這裡一樣是使用歐元，但經過我們專業的比較得知物價在這個平均所得世界排名前三的國家倒是不怎麼便宜，但超市裡貴兩倍起跳的有機食品銷售永遠都很暢銷，可以知道人們生活的水準和追求健康的理念。

　　然而有一點令我們吃驚的是，等離開盧森堡去到比利時，我們才知道盧森堡的油價是鄰近幾個國家中最便宜的（捶心肝！！），有些住很近的比利時人還會跑到盧森堡加油，所以我們一定要大聲呼籲：不管用機車遊歐或開車遊歐的旅人們，記得去盧森堡扛油！！

　　盧森堡好美、好愜意，也好自由開放，很適合年輕人來這裡創業，也很適合老人退休養老；只要想起環歐行程裡的瑰麗森林和城堡，就好想再回盧森堡。

1__ 盧森堡，路邊微笑的稻草，看了心情好。

2__ 這一天從法國騎經比利時，目的地是盧森堡，一天騎三國！

3__ 幸運的趕上盧森堡最後一天的 funfair！結束後，遊樂器材也功成身退了。

4__ 夜晚俯瞰盧森堡市。

關於盧森堡的語言

盧森堡人基本上要學三種語言，在中、小學時學盧森堡語、德語和法語，高中時可以再選修英文、西班牙文、義大利文或拉丁文（突然好希望我們是在盧森堡長大的！），不過根據我們的觀察，盧森堡人講法文居多。

　　我們在盧森堡還有一段小插曲。入境盧森堡後，我們停在休息站加完油準備再上路，才驚覺車子發不動！天哪！我們買新車就是不希望有任何拋錨的意外發生，想不到還是發生了。幸運的是，加油站附近有速食店，而且都揪感心的提供免費WiFi，於是很像難民的我們顧不得路人好奇的眼光，克難的把車牽到速食店外的停車場。姊姊緊急 call out 在台灣開機車行的好友（小港晉亨車業的修車一哥──蛇），感謝他不論我們的機車在台灣或在國外有問題，總是義不容辭的傾囊相授，儘管視訊訊號很微弱，他仍能隔空判斷接點不良。雖然黑金剛奇蹟似的起死回生（能用腳踩發車），但我們知道問題還沒解決。Tristan 又帶我們到當地的 SUZUKI 修車，確保後續旅途順暢（其實並不想麻煩他，但還好他有去，因為機車行的店長居然拒絕說英文！這不是在法國才會發生的事嗎？），而且黑金剛也很反骨的在機車行一點問題都沒有，還能正常手動發車！

　　於是我們只好半信半疑的繼續行程，一直到了德國漢堡才又發生問題……（李組長眉頭一緊，到底發生了什麼問題？姊妹倆又是如何處理？讓我們繼續看下去……）

流經比利時、盧森堡、德國的奧爾河畔。

比利時的好人們

Belgium

　　離開盧森堡往鄰近的國家比利時前進，明明盧森堡的樹葉還是碧綠的，一到比利時，樹葉幾乎快變成褐色了。一下子如此大的變化，讓人有點吃不消，因為要面對難以承受的冷風吹拂（抖）……

　　我在法國的時候想起在比利時讀書的學長，馬上很不要臉的跟學長聯絡。學長有求必應，就跟萬應公一樣靈，很快就幫我們找到一個讓我們落腳一晚的住處，那是一位台灣朋友 Itchy 的男友上一個租屋處。我們就這樣來到了魯汶（Leuven）。很奇妙的是我們跟 Itchy 素不相識，她剛好在我們抵達比利時那一天和我們擦身而過，去了巴黎讀書（在躲我們吧！）。她告訴我們可以直接去找她的男友，男友馬上很客氣的招呼我們（這

個男友長得超像九把刀，但愛亂問問題，我只好再補他一刀，叫他十把刀！）！

　　學長很夠義氣的挪出時間帶我們去市中心品嘗份量很大、價格合理而且很好吃的義大利麵，還有來比利時一定要喝的酒（櫻桃酒好好喝）。他們還充當地陪，向我們介紹魯汶有名的景點。也多虧了他們，我們很快就融入這個大學城，並且找到熟悉的人情味。幸運的是，隔天我們又遇到魯汶市區舉辦的funfair，雖說規模比盧森堡市的小很多，但攤販賣的東西一樣好吃，我們很開心的離開魯汶，往離布魯賽爾（Brussels）更近的城市韋澤梅貝克－奧佩姆（Wezembeek-Oppem）前進。

　　在移動的路上，我忘記車上還載著半瓶牛奶，偏偏在這下著雨的夜晚，牛奶一時興奮上演翻倒的戲碼，搞得我們的背包全是奶味。平常已經覺得背包裡面很像窩藏兩個巨嬰，現在又因為牛奶，讓我們變得更加行跡可疑！！

　　一到沙發主人家，打過招呼後趕緊處理背包。雨天加上溢奶事件讓我們整個很狼狽，超怕嚇到主人Udo，以為是收留了來自台灣的難民。不過我們真的很喜歡他，也很感謝他能夠體諒我們旅行的不便。他除了給我們精神上的鼓勵，安排了一間很棒的房間和舒適的兩張床，也待我們很好，讓我們像回到家與家人互動那樣的熟悉，而且他超級用心推薦布魯賽爾的多處觀光景點，甚至擺了好多地圖和旅遊書提供給前來拜訪的沙發客，外加搭乘市區內交通工具的相關介紹和兩張悠遊卡供需要的沙發客使用。這一系列貼心的小動作，讓他的客廳擺滿了沙發客留的愛心紙條和小禮物，看了真的好感動！

　　Udo，是由德國來比利時工作的計劃經理。和他聊天的時候，他能用很流利的英文娓娓說出他所認識的世界，而且也非常關心世界各地發生的事。歐洲有些人可能聽都沒聽過台灣，他卻能講出我們面對的政治問題和國際關係。只是當我們向他介紹台灣的特色和文化還有一定要來吃的道地台灣小吃時，內心還是有點心虛（食安問題大概也瞞不過他）！

　　通常沙發主人如果是女生，有些因為安全考量會偏好招待女沙發客，但如果是男主人卻只偏好招待女沙發客，姊姊會特別注意他的評價，畢竟如果真的想有文化交流，性別怎麼會是重點呢？所以姊姊通常不會寄沙發請求給只偏好招待女生的男主人，但還好 Udo 就跟別人給他的評價一樣友善又大方，讓我們有誤打誤撞撿到寶的感覺！

1__魯汶市中心

2__據說摸塞爾克拉斯雕像會帶來好運。

3__原子球塔遠看很小，近看很大，可以買票入內參觀。對面是小歐洲聯合國，買套票參觀更划算。

4__布魯塞爾大王宮廣場，晚上又比白天美八倍。

5__布魯塞爾市政廳

6__尿尿小童的妹妹尿尿女童。為什麼他們家人都這麼愛尿尿？想要追尿尿家族還可以去找尿尿小狗。

　　在看過盧森堡的貴氣後，一開始入境比利時有點不習慣。在離開盧森堡前，Tristan 還特別叮嚀過比利時的路況不是很好，當時還納悶兩個國家距離那麼近，能差到哪裡？結果騎在高速公路上就非常有感，加上兩國建築的外觀落差有點大，比利時紅磚塊的房子就像裸露的牙齦，很難讓人一見鍾情。不過後來我們對這裡愈來愈有好感，因為布魯塞爾用大量的巧克力、鬆餅和啤酒突破我們的心房，頓時覺得這裡的古老建築也太有魅力了（超膚淺的！！）。其實是比利時獨特的藝術風格在吸引懂得欣賞它內在美的人，我們也很訝異自己竟然可以感受到它的美！！

布魯日的過客

　　我們在陰晴不定的布魯日（Bruges）市集廣場被眼前的歷史建築包圍，像走進古裝劇的攝影棚；有馬車、古老建築、戶外品嘗咖啡的人們，也有一堆看起來和我們一樣無所事事的旅人。廣場的中央有一群人跟著街頭藝人唱起民俗歌謠，他們的歡樂吸引了在場所有人的目光。這一切真的很像導演安排的橋段（自作多情的以為在舞池中央的我是女主角，一直很認真在尋找攝影師的鏡頭……）。

　　在這一刻，每一次眨眼都是浪費。我們努力的想永遠記下這映入眼簾的美麗，雖然我們的心還停留在街角 Godiva 店員用新鮮草莓裹上巧克力糖衣，雖然我們聽不懂群眾的開心，卻覺得自己很幸福，像嘴裡含著草莓巧克力一樣，咬下去就能感受到滿嘴酸酸甜甜的小確幸（大概一小束才幾顆，要價 6 歐元；捉襟見肘的我們買不下手，再說因為在布魯塞爾已經吃到變胖，衣服都縮小一號了！所以到現在還很困惑那傳說中的幸福滋味究竟是如何……）。

1＿照片左邊是市
　　政廳，右邊是
　　聖血聖殿。

2＿比利時的小孩
　　上下學都要穿
　　反光背心，好
　　可愛！

3＿布魯日的市集
　　廣場

4＿這巧克力造型
　　是做到沒啥好
　　做了嗎？

5＿警用腳踏車。
　　小偷可別跑太
　　快，不然警察
　　追不上……

　　曲終人散時，又來了一輛載著遊客進廣場的馬車。我聽到了清脆的馬蹄聲，想起高中時讀過的詩句，是鄭愁予的《錯誤》：「我達達的馬蹄聲是美麗的錯誤。我不是歸人，是個過客。」我在高中竟然就讀過這麼美的詩，內心突然一陣感慨和心酸，沒想到當時無法意會，現在到了這樣的年紀，有了真正的旅行，才能體悟到作者的詩境和下筆時的無奈。

　　來不及投入剛鋪陳好的情緒，也還沒準備抽離油然而生的惆悵，天空下起一陣驟雨，打亂了我的思緒。我們急著躲雨去，就忘了再去櫥窗看我的巧克力……

布魯日運河

路人的喇叭

　　從比利時到荷蘭鹿特丹（Rotterdam）的路上風好大，沿路有好多大型的風力發電機，正在猜想風力發電是一項多可觀的資源時，腦海裡閃過造型可愛的風車和風味獨特的糖漿煎餅畫面，我們迫不及待的想要一窺究竟和嘗嘗箇中滋味。看著車水馬龍的車輛，雙眼幾乎進入待機模式的同時，休息站招牌上飆漲的油價提醒我們做好入境荷蘭的準備。還分不清楚是喜是憂，腦波就傳來一則即時訊息：「回盧森堡！」接著一股腦兒都在懷念盧森堡的好，好想殺回去吃回頭草。

　　通往鹿特丹的指示有點複雜，分成好多條就算了，還有一道是只給大貨車開的。印象很深刻的是，看不懂荷蘭路標的我們竟然騎錯道了！後面的大卡車一直「逼逼逼」，快嚇死我們了，但老實說我們見過很多大場面，只要不被警察開單或罰錢，其他什麼車的喇叭聲早已司空見慣，也沒在怕的（說大話，好幾次都嘛當場魂飛魄散）。有的車還故意貼我們很近沒按喇叭，駕駛更奇怪，還兩眼不斷上下打量我們，雖然我知道我們大包小包又在高速公路上流竄真的是奇觀……

　　在此也貼心提醒大家，高速公路真的很危險，常常你看到指示的下一秒，就要馬上做出走哪一線道的決定。即使不小心走錯了也不要不敢繼續前進，因為在車輛絡繹不絕的公路上，一個猶豫都可能造成追撞，一個恍神都是法拉利、保時捷好幾百萬上下。走錯了也不要像我們姊妹一樣互相怪罪，這樣真的很傷感情啊（還好我們不是情侶出遊，不然都不知道要站在分手擂台幾回合了……）！

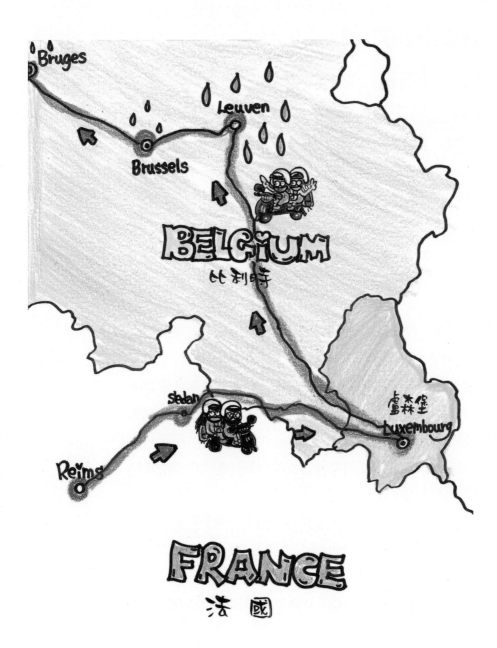

// 比利時的好人們

迷幻國度
——荷蘭

Netherlands

　　來這以前，我們只知道荷蘭的鬆餅（stroop waffle）超好吃、荷蘭鞋超可愛、風車超討喜，還有合法抽大麻和合法性交易，所以整個超期待（不是期待買春或吸毒，只是想要感受這個國家強大的包容度啦）！來到歐洲第一大港、荷蘭第二大城的鹿特丹市區的第一晚，荷蘭沙發主人 Joey 和來自四川的朋友 Judy 就在餐桌上端出特地為我們準備的台灣刈包，讓我們這兩個鐵漢感動到差點老淚縱橫！！

　　隔天在 Judy 的大力推薦下，我們去吃了一間非常道地的四川佳餚——麻辣香鍋（Dry hot pot），聽到 hot pot 會以為是火鍋之類的料理，但這兩者不只是乾或湯的差異，內容物也差滿多的！這道菜很好吃，白飯也是在國外難得吃到的軟Q，更窩

1__ 竟然在荷蘭品嘗到道地四川菜——麻辣香
　　鍋，超好吃！

2__ 荷蘭小吃 Haring，看起來很可怕，吃起
　　來卻像生魚片。很多小刺，但可以吞，要
　　加洋蔥去腥味。

心的是，白飯居然可以吃到飽，讓向來有飯桶之稱的我們一整
餐吃下來少說嗑了四碗飯，再搭配特辣的香鍋，隔天屁股放的
煙火簡直是雙十國慶、舉國歡騰啊！這間中國餐廳真的讓我們
回味無窮，位於鹿特丹市區的「麻辣誘惑」，四個人吃很飽才
55 歐左右！到現在還是覺得很困惑，我們竟然是在荷蘭吃這道
遠近馳名的四川料理，美味卻讓人陷入迷思，一時之間想不起
來自己在哪一個國度啊！

　　不知道大家知不知道荷蘭的食物其實很好吃，像是看起來
很可怕的生魚（荷語：Haring），加上一點生洋蔥竟然變超級美
味，還有到處都在賣的乳酪便宜又好吃。不知道這樣的描述有
沒有公信力，因為食物對我們來講好像沒有難吃的。荷蘭這個
國家真的很不錯，是個好地方，不只大人喜歡，連小孩喝的奶
粉也常常讓遊客陷入瘋狂大搶購！

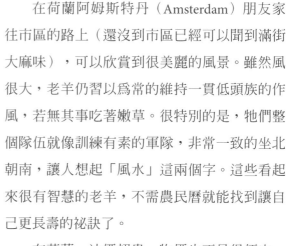

在荷蘭阿姆斯特丹（Amsterdam）朋友家往市區的路上（還沒到市區已經可以聞到滿街大麻味），可以欣賞到很美麗的風景。雖然風很大，老羊仍習以為常的維持一貫低頭族的作風，若無其事吃著嫩草。很特別的是，牠們整個隊伍就像訓練有素的軍隊，非常一致的坐北朝南，讓人想起「風水」這兩個字。這些看起來很有智慧的老羊，不需農民曆就能找到讓自己更長壽的祕訣了。

在荷蘭，油價超貴，物價也不是很便宜，但是像台灣進口的荷蘭楓糖煎餅，單片就高達台幣 20 元，但在荷蘭本地一包若干片才不到 2 歐，價錢真的差很大，光是載幾箱煎餅回台灣，我們想這趟旅費就回本了！

1＿二次大戰中，鹿特丹很多房子遭受重創而全毀，之後重建許多現代風格造型的特色建築。圖為鉛筆屋。

2＿夢想中沒有包袱的環歐是長這個樣。

3＿鹿特丹圖書館

4＿水壩廣場上的阿姆斯特丹王宮

5＿跟團行程中最愛帶遊客參觀的風車村，當地人還不見得來過。

// 迷幻國度——荷蘭

阿姆斯特丹運河

　　在這裡分享一個真人真事的小故事，剛好故事裡的主角也是一對姊妹。她們去阿姆斯特丹前就看過很多人分享嘗試大麻的體驗，就在不嘗試會後悔、嘗試也不知道會怎樣的情況下，掏出 7 歐買了她們人生中第一個 Space cake（有點貴）。雖然很多路人吃完只是在路邊不時發出既迷濛又渙散的眼神和控制不住的傻笑，但這對姊妹不敢輕視品嘗後所帶來的後座力，於是從酒吧裡既期待又怕受傷害的把蛋糕帶回家裡享用。沒有意外的話，這是除了塑化劑和食安不慎吃進去的有害毒劑外，她們第一次從嘴巴服下去的毒。她們像在慶生那樣滿懷期待拆開蛋糕的精美外盒，小心翼翼的把杯子大小般的蛋糕送進嘴裡，除了咀嚼蛋糕的綿密外，還不時沉浸在巧克力的濃郁中，就這樣，

姊妹倆一人一半就把蛋糕瓜分了，並靜靜看著時鐘上的指針滴滴答答。隨著一分一秒流逝，故事裡的姊姊一個人在床邊慢慢感受到飄飄欲仙的奇妙幻覺，殊不知妹妹已在旁邊睡得香甜！！

這個故事也沒什麼大不了，只是妹妹醒過來的時候覺得似乎有這麼一點點惋惜，畢竟錢都花了，東西也吃了，睡著了卻什麼鬼感覺都沒有，超級嘔！！

嗯，我無法下什麼評論，這就是一些人的人生。

提醒一下，荷蘭的 coffee shop 賣的是大麻而不是咖啡哦！

1__ 在荷蘭，機車和腳踏車常隨處亂停，但我們在某些地區看過腳踏車停太久被開單，沙發主人說如果沒處理就會被拖走，要花 20 歐領回。
2__ 阿姆斯特丹不能朝窗口拍的紅燈區
3__ 阿姆斯特丹有名的 coffee shop

哈比人的心酸

在荷蘭的街上，我們看到好多男男女女身上都有格列佛的影子，在人來人往的市集，我們處處提防著，很怕巨人們一個不小心就讓我們當場爆漿。

在荷蘭靠近德國邊界的一個沙發主人，他一定是巨人族的後裔，身高將近 200 公分，他的女朋友也是族裡的人，少說 185 公分。他們的小孩才五個月大，還不會站，所以靜靜躺在嬰兒床上露出得天獨厚的笑容。從頭到尾我都覺得這小孩根本就是懶得站起來而已，因為他的腳看起來幾乎快比我們長了（很明顯的是在挑釁，給我站起來單挑啊）！在這個巨人家庭裡，我沒事幾乎不會想站著，能躺著也盡量不要坐著；沒錯，就是想要大家平起平坐的感覺，盡量不要自曝其短！

我們有好幾次和好心的主人出門，從自以為是貴婦出遊，結果意外變成馬拉松選手。但在這樣的經驗後，我們竟然沒從中記取教訓，還不斷讓悲劇上演。以下為您直播一則慘痛新聞。

那天是待在荷蘭的最後一個早晨，我們打算出去看看這個城市的美好，朋友也很熱情的說會帶兒子一起當地陪。我們很感激他的熱心，畢竟對這個地方人生地不熟，我們外行人頂多就往人多的地方去湊熱鬧。記得有一次在比利時看到大排長龍都是年輕人的隊伍，我以為是在排什麼必吃美食就跟著湊一腳，結果是要買新學期的參考書（怒火馬上狂燒，不要逼我怒吃參考書）！！再說有在地人願意帶路也是可遇不可求，我們內心有著說不完的感謝。

荷蘭佔屋運動 Squatting

在歐美盛行的佔屋運動 Squatting，指的不是隨便入住別人家裡，而是有一套合法的程序，荷蘭甚至有專業的佔屋諮詢團體。這是因為 1970 年代的荷蘭房價高漲、空屋率高，人民傾向支持居住權高於所有權而興起這種運動，後來荷蘭政府甚至將佔屋行動合法化，只要能證明屋子已經閒置超過一年，準備一張床、一張椅子、一張桌子證明自己住在此屋，請警察做登記，佔屋者即有合法居住權；當然所有權仍歸屋主，屋主只要能出示房屋即將出租證明，也能將佔屋者驅離。不過荷蘭政府在 2010 年已將 Squatting 列為犯罪行為了。

當然我們沒這麼傻，我們也是在聽到他說「帶兒子……」這幾個關鍵字後，才放了好大一顆心一起出去，只是萬萬沒料到，即使推推車出門，巨人的腳每跨出一步就是一百公分上下，推車不但不是絆腳石，還變成「助步器」，並且不間斷的保持從容微笑！！然而，我和姊姊的小腿一隻原本就是別人的兩倍大，外加靴子也不輕的雙管齊下，讓我們每跨一個腳步都有說不出的辛苦，還要表現的我們天生就是活潑好動以掩蓋非常明顯的上氣不接下氣。

那幾個小時裡，很感謝他讓我們瞭解當地的歷史建築，陪我們看到街頭藝術的美麗，更喚醒我們身為哈比人的悲哀；童年時期學校老師最愛有事沒事按身高排座位，還有數學不是本業的護士阿姨對著量身高機上顯示 15X.3 公分時自動省略了 0.3 公分，這些辛酸記憶又一一浮現在眼前……

　　不過，基於優生學的角度，如果要生小孩，可以考慮一下荷蘭人！！

1__ 巨人，等等我！

2__ 荷蘭是全球第一個同性婚姻合法的國家，隨處可見彩虹旗。

第 34 ～ 40 天 │ 荷蘭

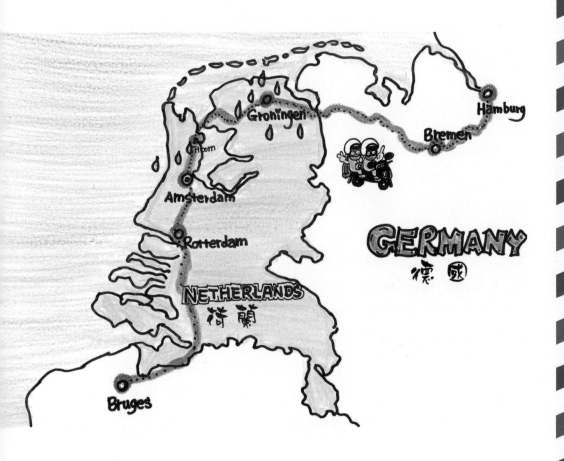

// 迷幻國度——荷蘭

大恩大德之
哭笑不得

Germany

看到「德國」這兩個字，就會想起小時候老師說：「德國高速公路沒有速限！」所以在騎機車環歐前，我們的〈與妻訣別書〉都想好要寫什麼了。結果來一趟德國才知道我們在做白工！「沒有速限」只在部分高速公路適用，這對我們來說也算是一大福音，但我們還是想呼籲老師們：「不要再嚇小孩了！」

來德國遇到的最大問題是，我們看不懂菜單！有些用翻譯軟體查過，但就是不太知道怎麼發音，我們的怪腔怪調都會引來對方一頭霧水（這種問題在荷蘭也遇過……）。還好德國有很多人聽得懂英文，而且當我們和不會講英文的德國人雞同鴨講的點餐、在我們餓到瀕臨沒氣幾乎要放棄交易時，就會有很像電影情節的蝙蝠俠衝出來，用他們聽得懂的頻率幫我們完成

點餐，這就是我們在德國沒餓死的由來……

在德國停留這幾天，天氣超好。天氣好拍風景照就很好看，心情也跟著好起來，連帶著看事物的觀點都變得不一樣。花開得好活潑，樹站得好挺直，貓睡得好香甜，狗叫得好積極，連傳說中凶神惡煞的德國人都變得好親切。幸運的是我們遇到很好相處的沙發主人！

不來梅的生活達人

我們來到了熱情的 Stefan 家，就在不來梅（Bremen）這個可愛的童話故事城。見完面不到幾分鐘，我們三人已經在討論接下來兩個晚上的晚餐。他算是一個不拐彎抹角、很開門見山的朋友。晚餐時間美其名是文化交流，檯面下進行的卻是如火如荼的「東西廚藝爭霸賽」。第一晚上場的是我們，一對來自南台灣一天到晚吃外食的姊妹，為了不想讓鄉親父老失望卯足了全力，說什麼也要把南部人的好客精神（是浩克！！）拿出來。於是經過我們「辦桌二人組」的巧手，端上一鍋很豐盛卻非常四不像的牛肉咖哩飯。基於台灣人就是要挺台灣人的份上，口味再怎麼特別先不管，直接盛上兩大碗公再說，以免廚餘太多而顯得式微，結果一個不小心就整個飽到天靈蓋，洗澡時差點要請看護了（現在想到咖哩飯會怕！）。

第二個晚上，主廚換成地主隊，Stefan 和他女友隨性自製了藍帶起士雞胸。我以最不誇張的描述，它好吃到我連骨頭都想硬吞，超級不給面子的（很犯規啊，雞肉哪有不好吃的）。

// 大恩大德之哭笑不得

雖然輸了，但不免俗的要安慰自己幾句，我們是志在參
加不在得獎，雖敗猶榮（畢竟他們佔盡主場優勢）！！路上隨
便抓一個歐洲人，不管是男是女幾乎每個人都會下廚，甚至做
麵包、做蛋糕也是小意思；還有他們江湖流傳一貫的詐騙手法
就是嘴裡謙虛的說是隨便煮煮，結果煮完都很像是要拍美食雜
誌封面照（這種心機難道不會梗塞嗎？）！相較之下，台灣的
外食取得非常方便，在這種環境下長大的我們，是不是少了一
點……野外求生的技能？

通常晚上大家吃飽飯就會在客廳聊天，我這個沒什麼遠慮
的人，在這個時候必有一個近憂，那就是提早擔心隔天早餐要
吃什麼。畢竟這是我們三餐中最期待的一餐，很多個不怎麼樣
的清晨，我們願意讓已經不知在哪逍遙的靈魂重新附回肉體，

1＿不來梅街景，
好像巴西嘉年
華。

2＿不來梅市集

3＿不來梅假日跳
蚤市場。德國
很多這樣的跳
蚤市場。

張開惺忪雙眼迎接一天的到來，關鍵就是為了「吃早餐」。特別是在 Stefan 家，我可以整晚祈禱快快天亮。說 Stefan 是早餐達人真的一點也不為過，他起床後就上街買現做麵包回來，還準備超級豐盛的醬料和乳酪，加上我們自己準備的食物，一時之間真的以為身在什麼早午餐的餐廳。只是用餐時，不知道為什麼大家一定要邊聊邊吃，在同時要咀嚼、吞嚥、思考中，我陷入進退兩難的處境，加上本來胃就是無底洞的我們，根本不知道喊飽的整整進食三個小時。

Stefan 和姊姊完全沈浸在他們的世界，聊了當下最熱門的難民問題，也從中得知二次大戰後背負著納粹歷史罪行的德國人，其實並不以身為德國人為榮，而真正讓德國人凝聚向心力、再次以德國為榮的是 2014 年的世界盃足球賽。等到 Stefan 跟姊姊聊完，才發現桌面的食物快被我清空了。像我們這種用餐時間還沒到就在喊餓的人，那頓早餐吃完竟然飽到晚上六點！

在旅行中，我們遇到了很多厲害的人，像是很會攝影、很會打太極、很會單手倒車入庫、很會修 iPhone，很會畫老虎和

　// 大恩大德之哭笑不得

蘭花的人，還有好多好多奇葩，但是，我們最喜歡遇到懂得吃和懂得生活的人了！

關於吃的問題，還有一點要特別提醒一下。歐洲很多國家的超市在星期天是不營業的，德國是其中之一，如果要補糧記得趁早，以免撲空。

漢堡走到飽

後來，離開不來梅到了漢堡（Hamburg），我們這四天三夜碰到的沙發主人 Ulf 看起來像個隨性的無業遊民，背地裡卻是個工作狂，更是一個幾乎不需要睡眠的神人，害我們在相處這幾天都非常擔心他會突然暴斃！很誇張的是，他不眠不休的做電腦程式，早上竟然還有體力說要帶我們參觀漢堡市區，因為很怕他會爆肝或走不動，所以一直謝絕他的好意，結果他堅持要帶我們去晃晃，誰知道接下來四個小時我們都在行軍，還差點引發橫紋肌溶解症（來人啊，這個不用睡覺的人到底是何方神聖？）。

而在盧森堡埋下故障伏筆的黑金剛，在漢堡突然開燈沒燈、打信號燈也沒反應，而且停了之後就發不動了！不幸中的大幸是，我們也

1__ 漢堡的聖米歇爾教堂
2__ 德國第一大港——漢堡
3__ 漢堡的街頭藝人
4__ 漢堡勞工博物館（Museum der Arbeit）
5__ 漢堡市政廳

正在要去 SUZUKI 分公司的路上。

　　德國人普遍來說英文都很好，但藍領階級可能就得碰運氣。在 SUZUKI 裡跟維修工人上演了一場比手劃腳，解釋完後他們不讓我們看維修過程，請我們到另一個展示間等。在那裡我們看到令人瞠目結舌的二手機車價，隨便一台都比我們的新車貴，排氣量還不一定比我們多！修理期間我們也把車子文件拿出來跟老闆確定我們是在保固期間。

　　車很快就修好了，而且因為知道我們在環歐，他們還做了一些額外檢查，並跟我們說狀況很好。我們就像吃了一打定心丸，又開心上路了！

　　//　大恩大德之哭笑不得

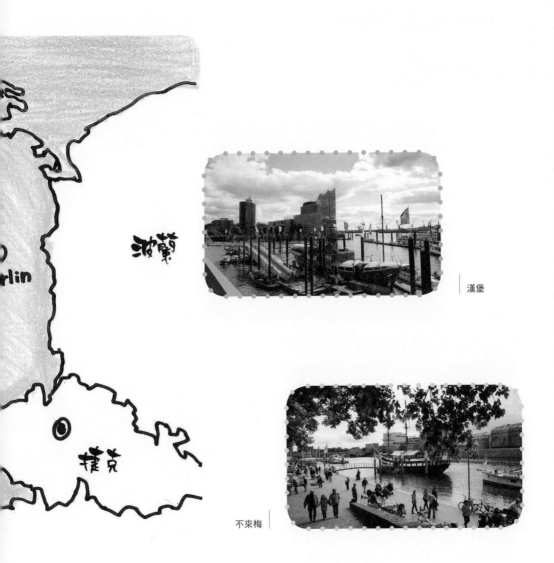

rlin

波蘭

捷克

漢堡

不來梅

// 大恩大德之哭笑不得

丹麥居大不易

Denmark

抱著滿心的期待，我們從德國入境了丹麥。才興奮幾秒，就想起我們在身上都沒有丹麥克朗的情況下必須到加油站加油。看著油箱指示箭頭一格格下降，我們愈來愈緊張⋯⋯

理性的讀者可能會想說為什麼不用國際通用的信用卡就好。沒錯，如果可以刷卡我們也很愛刷，但因為我們是外國人，所以很多國家偏僻無人的加油站常常不肯給我們外地來的信用卡面子，我們試過身上很多阿里不達的卡、好人卡，甚至是救命健保卡都行不通！更扯的是，在歐洲有好幾次刷卡加了5歐的油，手機收到的刷卡簡訊通知是4000多台幣，真的不知道加油站和信用卡公司之間哪個環節出問題，但再這樣多刷幾次，我就準備宣布破產了。好在丹麥有些加油站可以接受歐元，雖然

直接在加油站兌換的匯率很不划算，但很多時候我們也懂花錢消災的道理。

就經驗來說，我們認為加油站匯率還不是最糟的，在街上很多不肖換匯商家會把匯率寫得很好看，吸引需要換現的肥羊，然後神不知鬼不覺從中扣走手續費。沒錯，我們在丹麥上過一次當，拿 50 歐元換丹麥克朗，一來一往就被賺走了 7 歐（當地超市一隻烤雞才 6 歐！）。

所以我們要站出來提醒大家，能刷卡時盡量刷，不能刷卡也沒有現金時，看到路邊的 exchange 也最好先問清楚手續費是多少再換。

另外我們發現在丹麥晚上的油價比早上便宜，雖然折扣不多卻不無小補；至於半夜有沒有跳樓大拍賣我們就不得而知，因為都睡死了。

在丹麥適逢我們的機車里程表突破 6000 關卡，我們想詢問當地修車行更換機油的價位。修車行老闆很佛心的跟我們說：「如果有預算的考量，最好不要在丹麥換機油。」因為機油加工資可能要價 3000 多台幣！但他還是人很好的免費幫機車添加一點新機油，還跟我們說：「其實機車不需要換機油。」連車行的小弟也說他自己那台機車五年來都沒換過機油，還是騎得很開心！但我們只是聽聽而已，不敢因為省機油錢而去承擔任何機車故障的風險。我們跟他們說，在台灣，機車每騎 1000 公里就得換一次機油，他們還覺得很不可思議！

遇到落入凡間的天使

在丹麥這個很燒錢、不宜久留的國度，我們遇到的丹麥人都像是下凡人間的神仙。讓我在此隆重介紹 Hans 和丹麥爺爺。

Hans 住在科靈（Kolding），他是個很特別的人。拜訪他的那個下午，我們彷彿久別重逢的朋友一起愜意的喝茶聊天，開啓了旅行、生活、自然、政治、社會和歷史的話題。他喜歡蒐集生活中的各種顏色，敏銳的運用藝術天分布置了他風格獨特的房子，而且心地非常善良的滿嘴都是感恩，閉上眼睛就可以清楚看見他談話裡與世無爭的香格里拉。

我們非常欣賞他待人處事的觀點，他默默用行動營造出讓人神往不已的大同世界，以及在不簡單生活裡追求凡事簡單的理念。也許是遇到了知己，喝茶聊天的過程中，不間斷有被醍醐灌頂的感受，看他話裡流露出的樸實和真誠，對照活著這些年不曾對地球做出什麼貢獻還大量排放二氧化碳和排泄物的我，當下真的很沒有面子再要求續杯，但是茶葉的甘甜實在讓人無法抗拒，好想厚著臉皮幫自己回沖。

Hans 很貼心的在我們還沒拜訪他前就準備好晚餐和隔天早餐，早餐裡頭有特地買給我們喝的牛奶和當地必嘗的鵝肝醬及丹麥黑土司。他甚至把漂亮的房子交給我們保管，要我們輕鬆自在當成自己的家，然後一個人跑去十分鐘路程的山坡小木屋隱居。

在他的邀請下，我們好奇的去參觀小木屋，看似平凡的空間裡有著意想不到的溫暖，經過他的巧手真的讓人耳目一新，

不僅可以逃離都市的塵囂更能撫慰人們疲憊的心靈，而且屋外還能盡收城市的風光和山坡的美景。

與 Hans 道別的那個早上，我們前去他服務的學校參觀，他堅持請我們喝咖啡、吃點心，還不知道從哪裡生出了外套和雪褲送我們，一時之間差點以為他是慈濟的大師兄。後來的旅途多虧有他的溫暖，我們才能撐過寒冬。最扯的是我錯帶了一堆夏季衣服，他也不怕我們夾帶一級毒品在裡面，便一口答應要親自幫我們送回台灣。

因為認識了我們，他保證此生一定會來台灣玩，我們非常期待在台灣好好招待他，帶他看看我們的文化和特色，讓他跟我們一樣感受到滿滿的溫暖（祈禱他快來，不要等到我們中年發福，那些夏天的衣服就穿不下了）。

1＿ Hans 的山上小屋
2＿ Hans 漂亮的家。今天家裡沒大人！
3＿ 科靈大學。在丹麥從小學到公立大學上學都免費。

大貝爾特橋往哥本哈根的路上

　　接著我們從丹麥西邊騎到哥本哈根（Copenhagen），只有三個字——阿娘喂（不是髒話，雖然很想這麼說）！大貝爾特橋（Great Belt Bridge）上的風超級超級大，如果是在台灣早就放颱風假了！本來以為風速最大就這樣了，沒想到往回走時不僅風更大，還加上大雨，難怪收過路費的小姐一直勸我們等隔天風雨變小再離開。無奈已經安排好下一個行程的我們，不想原定計劃受到任何風吹草動的影響，於是在一場 3 分鐘正式小組會議後，決定傳承老祖宗當年唐山過台灣不怕苦的冒險精神！

　　看著橋下一片白浪滔滔，十幾分鐘的路程騎起來就像騎了十幾天，終於平安越過這座橋。剎那間，我們頓悟了「塞翁失馬，焉知非福」的道理：旅途中我們不時會抱怨怎麼帶這麼多用不到的東西，每天看到自己漸漸走鐘的身材覺得沮喪，但到了這裡，我們才瞭解原來這一切都是最好的安排！這也是第一次我們為這麼重的行李感到慶幸（也是唯一一次，其他時間都把行李當成仇人），同時也很開心我們能重如泰山而不是紙片人！

捨不得離開丹麥爺爺

　　丹麥，這個原本跟我們生活一點交集都沒有的國家，現在因為遇到許多天使而讓我們有了好多美麗回憶。回想起來最捨不得離開的，就是哥本哈根的丹麥爺爺了。

　　丹麥爺爺很酷哦，將近八十歲了，除了會煮飯、做家事，身體硬朗到還能把一堆樂器搬來搬去（我們自告奮勇的說要幫忙搬，結果才知道真的很重，搬完隔天很想全休！）。他會上網、開貨車、喜歡看芭蕾舞和歌劇，教師退休後還繼續在學校服務，幫自己賺出國旅費，最特別的是他加入沙發衝浪，在我們之前已經接待過一百九十幾個來自世界各地的沙發客，最貼心的是他還會好人做到底的在上下班途中，特地繞道去接送沙發客人，日復一日不求回報的沈浸在幫助別人的忙碌裡。

　　我們在爺爺家的每一天，晚餐都在家裡吃。這是一天中最美好的時刻，因為可以陪爺爺吃飯聊天。跟爺爺聊天，聽到好多關於他和圍繞在他身邊的故事，也看見他背後廣大世界的繽紛。很喜歡他的可愛，他常被我們的問題搞得頭昏腦脹，而每一道隨性的提問，他的表情都比開記者會的當事人還認真，殊不知有幾個問題我們好像也沒經過大腦就隨便亂問，爺爺卻都認真看待，一下翻書，一下上網找資料，甚至連丹麥歷任國王的相關資訊都秀出圖片給我們看，真的很想頒個有獎徵答的禮物給他。想想只是一個飯後大家聚聚的 small talk，害他那麼忙，我們好慚愧啊！

　　從談話中，我們發現爺爺真的是很典型的北歐人，守法、

公私分明，例如有次我們問他一個假設性問題：如果他有個兒子是警察，他開車超速或是不知道交通法規有改而不小心觸法，在路上當場被自己的兒子攔下來，他會摸摸頭裝沒事，或是倚老賣老說不知道規定改了？他好正經的回答說：「就算是兒子，不管攔的是誰都一定要開罰單，這樣才是好警察。如果被關說或是打人情牌，這樣的警察就是瀆職，不配當警察了，而且瞭解各項規定再上路是自己的責任，如果因為不知道被罰也是自己的事……。」講到這，突然覺得壓力很大，畢竟還得在這個國家騎上好幾天的車，感覺爺爺應該是在趁機教育我們吧。

　　現實生活中，我們的阿公都走得早，所以從沒體會過有爺爺的感覺，然而在丹麥爺爺的陪伴下，我們常常不自禁的把自己幻想成是偉特牛奶糖廣告裡的小孫子。雖然爺爺沒有給我們

牛奶糖，卻送給我們最珍貴的回憶，回味起來還比牛奶糖更甜美！！

　　五天後，我們必須離開爺爺往下一個城市移動。想到他年紀這麼大了，很擔心來日沒有機會再見面，所以我們給了爺爺一個最傷別離的世紀大擁抱。於是，我們在地球的這個角落，又多了一位思念的人。

1__ 曬焦的美人魚，早晚睡在長堤公園裡。
2__ 童話大師安徒生的家
3__ 世界上現存第二古老的主題公園——蒂沃利花園（Tivoli Gardens）
4__ 赫爾辛格車站

哥本哈根的新港（Nyhavn）

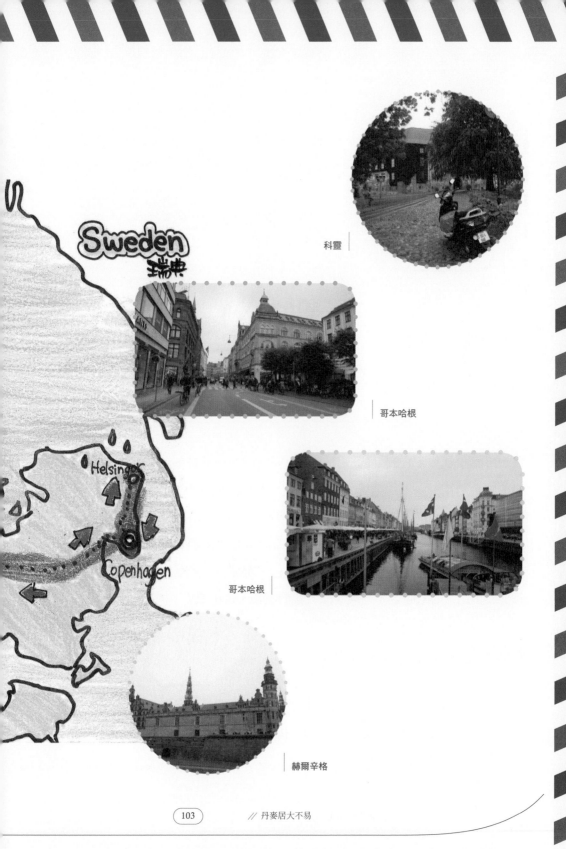

Sweden
瑞典

科靈

Helsingør

Copenhagen

哥本哈根

哥本哈根

赫爾辛格

// 丹麥居大不易

德國，
很好過活

Germany

離開了丹麥，我們又回到德國境內。衣漏偏逢連夜雨的那一天，我們在天空不知道壟罩的是 PM2.5 還是純水氣的霧裡，艱困的從德國什列斯威（Schleswig）騎到維斯馬（Wismar），距離不到 200 公里，但是迎面而來的寒冷讓人格外感到舟車勞頓。常常身心俱疲的瞄到後照鏡裡的自己，跟旅行一開始的神采奕奕相比，的確像老了三歲（ok，我們虛報，是十歲！）。

好多馬丁？

新朋友馬丁家在維斯馬小鎮最熱鬧的街上，我們到的時間已經是下午五點。馬丁很貼心的煮了一壺熱咖啡給我們喝，我

// 我們很機車的遊歐了！

們冰冷的軀殼瞬間有了一點點體溫，咖啡因也發揮作用趕走一路緊跟著我們的瞌睡蟲，讓我們有體力在馬丁的帶領下一探這個小鎮的魅力。但是，當下早已飢腸轆轆的我們，美景當前只想趕快進食，於是自動跨大步往餐廳的方向前去。貼心的馬丁很不負眾望的帶我們去一間很棒的餐廳。

　　一坐下，眼尖的我就瞄到隔壁桌上擺的那杯色澤鮮豔的雞尾酒，雖然酒量不好，我還是二話不說馬上點一杯一樣的調酒，喝得到夏天在嘴裡的感覺。用餐的過程一切都進行得很愉快也很順利，還間接得知馬丁是素食主義者。於是這位不吃肉的馬丁，我們就暱稱他是「素食馬丁」。很巧的是在離開素食馬丁後，我們下一個柏林的沙發主人也叫馬丁，但他超愛吃肉，就稱他為「肉食馬丁」。如果在柏林街上叫一聲「馬丁」，不知道會有多少人回頭？

　　在素食馬丁的引薦下，我們認識了好幾位德國朋友，大家在一陣歡樂中把佳餚送進腸胃。回到家，馬丁生動活潑的介紹他養的一隻有靈性的馬和他一路走來人生中的美景，但我竟然很沒教養的當場睡著好幾次，其中一次還被自己突如其來火車鳴笛般的打呼聲嚇醒，隨後聽到姊姊跳出來化解一場尷尬，我才又安心的勇敢走進夢裡周公指引的地方！

　　另外有件事一定要寫在書裡。我們在超市買到含有微量酒精成份的巧克力，竟然被要求檢查護照！明明就跟店員說我們年紀很大，還一直不信，堅持看護照才讓我們買。想起每次和外國朋友聊天，一旦進入年紀這個話題，原本打瞌睡的我們就會立刻眼睛瞪大、耳朵拉長，然後逼他們猜我們的年紀。他們

1__ 維斯馬市區
2__ 素食馬丁說，黑金剛是第一輛從愛爾蘭騎到維
斯馬的 scooter。
3__ 德國的食物好便宜。
4__ 肉食馬丁以茶和蛋糕歡迎每位沙發客。

都很誠懇的說 22 歲上下，然後又加強語氣說不可能超過 24 歲。
每次揭曉我們的真實年齡時，他們的反應都比摸恐怖箱的演員
還浮誇。只能說在國內想拉皮、打肉毒桿菌的朋友們別急，來
一趟歐洲光聽甜言蜜語保證就能回春！

在德國期間剛好遇到阿嬤的冥誕。想起小時候我們繞著阿
嬤成長的童年，伴隨著閩南語廣播電臺的背景音樂響起，地下
電臺的工商服務時段開始賣起一堆阿公阿嬤最愛的藥丸，雖然
還是以美國仙丹為主，但偶爾也會聽到女子高亢的大喊一聲「德
國辣椒膏」。不然就是聽起來很阿里不達的藥粉，然後再語氣
加重的強調「德國原裝進口」……就這樣，我們很小的時候就
知道「德國」在很多老人和陪伴老人一起變老的小孩子心中，

// 我們很機車的遊歐了！

是多麼神聖權威的代名詞。

　　然而我們有幸入了寶山，在讚歎寶山薪水高而物價也非常適合平民的同時，也看到好多好多難民擠破頭想湧入德國居住。

　　之後我們到了柏林，和沙發主人肉食馬丁到他的愛爾蘭朋友家中一起看電影。當時隨行的一位朋友在欣賞電影時左擁右抱兩個女朋友，同時兩個女友上下其手的討愛，使得男生得左顧右盼平均分配注意力。不知道那部電影他看完有什麼感想，不過我們是沒在看啦（看他東摸摸、西摳摳就飽了）！後來我們和向來談話都走幽默路線的肉食馬丁聊天，對於三人行事件他只說了一句：「在大城市什麼事都會發生！」他對眼中看到的大小事都習以為常，這就是他待過那麼多地方後選擇長住柏林的原因（而且招待過的沙發客超過五百位！）。

　　柏林真的好有意思哦，我們不自禁的愛上了這裡的文化、氛圍，還有人，當然最主要是超級親民的物價（巧克力醬最便宜）及平易近人的房價。此外，我們都知道大多數的外國人感冒都不會看醫生，剛好我們有一天買了一款甘菊茶包回家泡（德

　// 德國，很好過活

國賣很便宜,一盒不到 1 歐),結果肉食馬丁說,他們只要覺
得身體微恙有感冒前兆,都會飲用這類茶,熱熱喝,感冒快快
好。針對治感冒這點,我們也很狐疑,結果試了一次竟然覺得
很有效,但八成是心理作用吧!

小偷屁孩,毛長齊再來!

　　來柏林,重頭戲是參觀柏林圍牆,一座牆道盡了我們未曾
參與過的歷史。從別人慷慨激昂的敘述裡,我們卻只是遊客,
感受他們推倒牆的喜悅遠比不上參觀眼前壯觀的街頭藝術。我
們替曾經越牆壯烈犧牲的勇者們哀悼,同時也為自己的無知難
過;別人過去的悲劇,變成遊客現在的必去……

　　在圍牆幾處經典創作前,有大批遊客輪番上陣合照。我們
擠上前去拍照時,太專心盯著相機畫面,殊不知我已經成為扒
手集團待宰的羔羊。他們遠遠的打量我們並等待下手的時機。

　　就在圍牆邊,有一個年輕帥氣的街頭藝人表演,周圍一大

1__如果可以這樣子環歐就好了……
2__柏林大教堂
3__波茨坦廣場上殘餘的圍牆

群圍觀遊客，我和大夥湊上前去欣賞。表演結束後我們跟著人潮散去，姊姊剛好離開我的視線幾秒，我沒察覺自己身後假裝在對話的兩個小屁孩有什麼異樣，但是第六感知道氛圍有點不對勁，好像有股不尋常的壓力在我的後背。我猛然回頭一看，發現背包釦子被打開了一個，屁孩的手還在偷摸我的包包（別傻了，想開，沒那麼簡單！而且我重要的東西都藏在暗袋啊，笨蛋！）。

　　我當場其實嚇到不知道要說什麼，但還是假裝大怒來掩蓋緊張。我吼著：「What are you doing？！」這時姊姊剛好走到我面前，那個小偷馬上把手縮回去插著腰，擺出一副「怎樣啊」的表情（搞的好像準備要開打了……），又製造出一種是我神經發作的情境。可是明明他們就是小偷！我有一種啞巴吃黃蓮的感覺，原本低血壓都被氣到高血壓，還差點中風！

　　在此要提醒大家盡量避免擠入人潮，因為小偷最愛在那個時機行竊。只要人一多，就提高警覺吧！但歐洲景點那麼多，遇到這種狀況的機會很多。我們的方法是在腰際準備一個小霹

柏林圍牆東邊畫廊

靂腰包，當然還是會把東西放在後背包的暗袋裡，而且我的後背包上還有一個魔鬼氈，除非我的背沒知覺同時聽力也有障礙，否則想偷，再等個幾年吧，臭小屁孩！！

歌功「送」德

在德國，十月就已經開始要穿兩件褲子、兩雙襪子，並且落入不管和上半身搭不搭、能塞的就盡量塞的窘境。我們的心跟台南沿海養虱目魚的飼主一樣，擔心再冷下去日後怎麼辦。

柏林的晨間溫度大概是 3 度，一早肉食馬丁就在咆哮山莊裡恐嚇我們接下來要去的南德德勒斯登（Dresden）有部分區域已經在飄雪了（攝氏 -2 度……）。聽完的當下，我們已經做好虱目魚集體翻肚的準備。我們完全沒辦法適應這種一整天都像在冷凍櫃裡的感覺，就算戴了手套，手指還是凍得像十條鑫鑫腸，每看一次不只痛一次，還會餓一次！

在德勒斯登因緣際會認識了一群台灣留學生，並接受了他們的邀請去了一間台灣味十足的卡拉 OK。在包廂裡，好難想像這裡是德國，倒很像南台灣路邊開的一些小吃部。有幸和國家未來的棟梁們一起唱歌，於是我熱情的為大家獻上一首伍佰大哥的歌。本來以為大家都會感動到「想家」，結果姊姊說：「大家是想死！！」（應該不是我唱得難聽，而是他們那個年代的人不認識伍佰大哥！）

然而，在台灣距離僅有數百公里的彼此，或許一輩子都不會有交集，卻因為旅行，走在不同道路上的我們才有機會在幾

千公里外的德國交會。我們很開心認識了這群會讀書又會玩的
大學交換生，看到他們不一樣的人生。

1__ 塞柏歌劇院
2__ 國王城堡
3__ 夜晚的德勒斯登
4__ 德勒斯登的跳蚤市場，週六才有擺攤。

Poland 波蘭

Dresden

Prague 捷克

Czech

奧地利 Vienna

Austria

柏林

維斯馬

德勒斯登

太神騎了，捷克！

Czech Republic

　　從德國南邊騎到捷克，路邊開始有了很不一樣的風景，愈騎愈美。我們到捷克準備停留的第一站是首都——布拉格（Prague）。布拉格很熱鬧也很好逛，想到這個地方，就會馬上想到很多導遊會帶團來買的保養品牌「菠丹妮」（Botanicus）。台灣專櫃價差好幾倍，所以很多遊客來到這就是陷入瘋狂大搶購，而我們和當地捷克朋友聊天時提到這個品牌，很訝異的是捷克人竟然不知道！！

　　哎，在美麗古城裡的悲劇是，我們踩到地雷了！這種狀況通常不太會發生在台灣遊客身上，只是我太想吃「吃到飽」，竟然在布拉格看中了一間中國餐廳。姊姊敵不過我的堅持，不過吃完後我們兩個都很不開心。雖然旅行裡不能完全避免吃到

難吃的食物，但是很真心誠意的希望那間店不要再害人了！可能大家會有一個疑問，到底是怎麼個難吃法？說是吃到飽，但它的東西樣樣都很鹹（很奸詐吧！），讓你根本沒有想一直吃的慾望（吃第二個要配水，吃第三個要準備好健保卡去排隊掛號洗腎吧！），何不改店名叫氣到飽咧？（不知道這樣形容，我們會不會被餐廳告？）

沙發主人不清醒

回想起在這裡的停留，覺得有點可怕的是我們遇到一個很奇妙的沙發主人。雖然姊姊儘量不挑只偏好招待女生的男主人，但在過度熱門的布拉格，主人的評價不錯再加上遇過布魯塞爾的大好人 Udo，姊姊破例了。一開始他都很正常，非常熱情的開著 BMW 帶我們看夜景，還帶我們去當地人愛去的酒吧小飲。他是紀念品店老闆，他說在全盛時期曾在布拉格開了好幾間店，也曾進行海外跨國企業投資之類的事。他講得很認真，但我們沒辦法專心聽他說，因為他長得太像豬哥亮了，連講話的嘴型、手勢、音調，沒有模仿就已經笑感十足。

記得對話裡最有印象的片段是，他說他和一個流行女歌手生了一個小孩、參加過夫妻交換伴侶的派對、在泰國和變性人睡過、曾有過四個女友還一起睡覺（順便秀了幾張女友照）……整個讓我們非常傻眼！！但也不想再跟他多聊（他說這些都可以寫在旅遊故事裡跟讀者分享，但他那時好像醉了）。從這個經驗，我知道有些話不能亂聊，有時太超過就該適可而止，不

1__ 布拉格老城廣場

2__ 布拉格主人家附近,聽他說曾有電影來此取景。

3__ 布拉格之夜

4__ 布拉格知名建築「跳舞的房子」

5__ 在布拉格,好像掉進了某個時空。

然尺度太大會讓人誤會,而且我們從頭到尾都覺得他在宿醉,眼神一直飄移,也不知道他到底是說真的還假的。更妙的是我們一起去餐廳吃飯,請他推薦道地好吃又便宜的捷克菜,他說他來捷克住好幾年,精通法語、英語、捷克語、土耳其語等多國語言,結果卻用英語點餐,說好的捷克語呢?感覺得出來連服務生也不知道他在講什麼。最後我們付錢給他,他掏出一堆亂成一團的鈔票在桌上算,然後不知道怎麼算的就把我們付的錢收進自己口袋,留下大概一人份的錢在桌上給服務生就走了出去!服務生和我們都很困惑,只好再請他進來付錢……其實我們知道他真的很恍惚,只不過跟一個不清醒的人吃飯,就是

/// 太神騎了,捷克!

會有很多不按牌理出牌的窘境要面對啊！

布爾諾的可愛人們

待在有點詭異、恍惚的布拉格三天後，我們往捷克第二大城市布爾諾（Brno）移動。高速公路路面有很長一段像經歷過世紀大地震一樣超級崎嶇不平，得特別注意口袋的銅板，這時如果錢從口袋掉到地上一定找不到，因為全是龜裂非常嚴重的縫隙。平常在高速公路上奔波已經非常讓人夠膽顫心驚了，在這樣顛簸下，我們晃到了布爾諾的沙發主人家，身上被震碎的脂肪算不出一共是幾千大卡，只知道我們的大腿、腰部、臀部都有脂肪燃燒過的灼熱感。沒想過坐機車也可以變瘦，我們打算申請專利研發震脂相關的交通工具！

在布爾諾，遇到了少數招待我們的女性沙發主人。在她的介紹下，我們還認識了她的未婚夫和她還在讀書的弟弟。他們一家人非常熱情，一見面感覺就像多年不見的朋友，我們在短短幾個小時內把在地球上東西南北發生的故事濃縮成簡短的心得分享。想不到年紀輕輕的她，竟然懷藏著精彩的人生故事：她去過英國當過保姆，照顧老人也照顧過小孩，也有很多旅遊打工的經驗，和姊姊的人生歷練異常相似，難怪我們一拍即合。

在這個摩托車不普遍的城市裡，我們一波三折的找到機車維修廠做了保養和機油更換後（大約台幣 700 多元），再到市中心做例行性的採買和用餐，吃到很美味的餐點後心滿意足的準備回主人家。差不多快回到停放機車的巷口時，看到一輛警

1__ 布爾諾市集
2__ 在捷克第二大城布爾諾學別人這樣停車，
　　結果大家一起被開單……

車還有兩個警察在我們的機車前徘徊。當時我們拎著好幾袋食物，以奧運選手跑百米的速度衝過去（在胖子界我們應該還算靈活）。沒錯，幾個鐘頭前我們在這附近都找不到停車位，正在狐疑這個城市有沒有機車格和任何指示時，就看見好幾台機車非常整齊劃一的停在路旁，我們天真的以為這就是當地的「文化」，怎麼也沒料到這整排機車都一起被開罰單了！！

我們覺得錯愕的同時，看到違規停車的罰單金額是 100 捷克克朗（約台幣 135 元），內心暗自發出「也太便宜了！！」的讚歎。只是我們一來覺得非常無辜，二來是因為準備動身前往奧地利，身上僅剩的捷克克朗早已跟飲料店換成一杯很不像珍奶的珍奶了（珍珠咬下去都變成糖漿，不是 Q 的！）。

放我們一馬的 nice
警察

　　我們只好拿罰單問警察哪裡可以刷卡繳費，順口跟他抱怨我們真的找不到機車停車格，畢竟這是事實。他先用英文回答我們繳費的問題，後來拿著我們的護照走到車上和無線電另一端執勤的警察你一句我一句的呼叫，這一幕竟讓我懷念起我當兵時的無線電操作手同事和那些專業術語。看著警察在驗證我們的個資，雖然我們不是偷渡客，卻有種莫名的害怕，說不定我們揹著超重行李早就犯上兩天的牢獄之罪，抑或是五官不夠立體、腰不夠纖細得吃上什麼官司之類的。

　　終於，結束了只有他們聽得懂的無線電複雜操作程序後，警察笑著走向我們，對著我們幽默的用食指點了他圓滾滾的雙頰。我們沒有想過真的警察還會玩這招，只是看在罰單撕掉的份上，姊姊送上了熱騰騰的嘴邊肉，我們得以順利的擺平這場

鬧劇，最後甚至和警察有說有笑，離開前還在那邊十八相送。想想，這 ending 眞的有點扯，但是我們確實超級幸運！！

因爲這樣，我們笑著離開捷克，入境奧地利……

捷克騎機 Tips

布拉格的物價和捷克境內其他地區相比算偏高，建議打算機車環歐的讀者可以在抵達布拉格前就先找其他餐廳用餐。

還有，警察杯杯跟我們說如果找不到機車停車格，直接停汽車格就行了。的確，我們在好幾個國家看到重機都是停汽車格，而且我們在英國利物浦的披頭四博物館附近也是找很久都找不到機車停車格，詢問在路邊停機車的騎士後，他們說他們的機車也是亂停的。為免節外生枝，我們最後還是乖乖的把機車停在兩個小時要價 4 英鎊的汽車停車格裡。

當下比較困惑的是，停車券放機車任何一個顯眼處都有可能被輕易拿走吧？所以我們事先問了停車場管理員，他指了指油表處並用無線電通報其他管理員我們的車牌，表示我們已經預付了兩個小時的停車費，如果停車券有遺失也無需開罰。

布拉格

斯洛伐克

布爾諾

藍色多「惱」河

Austria & Slovakia

離開了布爾諾，我們騎了 135 公里，路過很多可愛的小鎮，才來到奧地利的首都——維也納（Vienna）。

溼滑若是騎

當時已經是晚上八點多，街上飄著雨，路上有輕軌的軌道變得格外溼滑。 我們穿梭在大街小巷尋找當晚準備落腳的沙發主人家。然而，GPS 不總是那麼熟門熟路，在路海茫茫中，偶爾也會迷失、找不到定位。旅途中，我們也想相信科技始終來自人性，但它很明顯的不是想造反就是跟天公借了膽；只要它情緒一來，就會很反骨的只肯透露地點附近一帶，確切的地址

反而都要靠我和姊姊沿街挨家挨戶肉搜。但礙於我們缺它不可，即便有些微辭，看在無需連結網路就能使用這個軟體的份上，我們仍然給予它非常高度的肯定；畢竟它也帶領我們看過一些壯麗的生命風景，真心覺得它是旅途上的好幫手。我深信如果它能揹包包，姊姊就不會約我環歐了（我的地位很容易被取代……）。

　　經過一個紅綠燈後，不久就看到我們要找的那個地址，我興奮的開口和已冷戰幾天的姊姊說：「騎過頭了，在左後方。」她一時心急把頭轉向斜 76 度角，同時緊急煞車，誰知道我們就這樣當場在輕軌的軌道上連人帶車摔了一個狗吃屎。如果在姊妹倆關係沒有僵化的情況下，我們一定會瘋狂笑到站不起來，但在那個氣氛詭譎的當下，第一個反應除了過度驚嚇跟傻眼外，在幾聲憋不住的冷笑後，我們各自故做鎮定假裝沒事，左顧右盼確定沒有被鄉民錄下來放上爆料公社，才都鬆了一口氣。希望我們住樓上的沙發主人沒有聽到什麼巨響而好奇的探頭觀望，

如果有，我們也不可能承認那兩個傻瓜是我們！

神奇的是，這一摔不僅沒有後車來追撞，機車本身也沒有任何刮痕，我們還奇蹟似的毫髮無傷（頂多只有月經嚇到不敢準時來了！）。我們把出事現場迅速復原後，捏了自己手背上的肉，會痛。這不是夢，但覺得剛剛阿嬤一定有偷偷在幫我們護體！

歷經這一摔，不知不覺，我們就順其自然的和好了，更重要的是，摔完才知道國際知名的奧地利水晶玻璃工藝品「施華洛世奇（SWAROVSKI）」，這個老牌子早就對全世界發出「淫滑若是騎」的警告了！！

奧地利小常識

★ There are no kangaroos in Austria!（奧地利沒有袋鼠！）這句話雖然是開玩笑的小常識，但因為 Australia（澳洲）跟 Austria（奧地利）的國名實在太相似，還真的常被搞混。聽說有人要寄包裹到澳洲曾不小心寄到奧地利，這一來一往又多付了台幣 8000 元的運費！

★說來慚愧的是，我們是到了奧地利才知道奧地利講德語，在此之前還一直以為奧地利有奧地利語！

★如果在維也納想點杯維也納咖啡，只要找找菜單上或問服務生有沒有「Melange」即可，這就是傳統的維也納咖啡哦！Café Kafka 則是維也納人推薦的咖啡廳。

1__ 霍夫堡皇宮。以前是奧匈帝國的冬宮，現在則是奧地利的總統官邸。

2__ 城堡劇院，是奧地利的國家劇院。

到哪都有中國團

　　從奧地利維也納騎往匈牙利前，先順道拜訪了 60 多公里遠的斯洛伐克首都布拉提斯拉瓦（Bratislava）。根據維基百科，這也是除了梵諦岡和羅馬外，國與國的首都間最近的距離。

　　從一個國家入境另一個國家，有時不需經過邊境檢查哨就可以深刻感受到兩國差異，甚至差異強烈到讓人不禁納悶：它們真的只距離幾十公里嗎？為什麼才幾十公里的距離可以彷彿讓人置身另一個世界？從奧地利進入斯洛伐克也讓我們想起十幾年前從美國進入墨西哥邊境的震撼。

　　在斯洛伐克，我們有一個感觸：每每要死要活的騎到一個景點，哪怕它再怎麼偏遠、再怎麼冷門，都會被包遊覽車的中國團捷足先登。他們表現出一副就是在這裡悠哉很久的嘴臉，讓我們深刻了解到歐洲這塊觀光事業版圖真的不容小覷，也讓我們見證了中國錢淹腳目的時代。

揮別交情沒有很深的斯洛伐克，除了閃過幾秒的惋惜外，我們不帶眷戀的向匈牙利邁進。奧地利的主人在我們離別前硬是要我們帶上當地有名的鹿肉 salami，嘗嘗在地人獨愛的口感。我們在休息站的空閒中，決定勇敢的咬下了第一口陌生的肉味。咀嚼間，彷彿看到原野上壓低身軀吃著嫩草的小鹿斑比用無辜的眼神看著我們，其實吃不出肉的美味，只覺得自己很邪惡，但一想到這是主人的愛心，又覺得好好吃⋯⋯

　　兩名異國女子在人煙稀少的露天休息站大口吃肉，鹿肉 salami 的香味引來了不知道打哪兒冒出來感覺有些詭異的商人。其中一位婦人拿著很像不知道誰用過的手機問我們要不要買；另一個中年男子走到我們身旁問我們要不要買香水。在感嘆這個年頭生意難做的同時，我們真的好想知道誰會在這個鳥不生蛋的地方掏錢買手機和香水。

　　在這裡推銷真的很妙也滿有創意的，只是要自己承擔生意不好的後果！一想到對這個國家的治安還不是很信任，即便我們看起來比流浪漢還窮，光天化日之下被搶的機率怎麼看都很低，但為了不惹禍上身，我們趕緊發動引擎往下一個目標邁進。

　　在入境匈牙利之前又停留一個休息站，餐廳用餐不附廁所外，如廁就要 2 歐天價。我們對這個商店的老闆呼籲，你來台灣最好不要被我們認出來，不然我⋯⋯我⋯⋯我也要跟你收 2 歐，哼！！（硬要撂下這句超不狠的狠話才甘心！）

1＿維也納有種高攀不起的美⋯⋯

2＿位在布拉提斯拉瓦舊城區的聖馬丁教堂

3＿騎在布拉提斯拉瓦的新橋上，下方是多瑙
　　河，前方是名為 UFO 的觀景塔。

維也納

Bratislava

布拉提斯瓦拉

Hungary

匈牙利

Hungary

「Hungary」、「Hungry」、「Angry」這三個單字唸完三遍後，發現它竟然水乳交融的串起我們在匈牙利發生的故事……

入境匈牙利我們一度迷路。在首都布達佩斯（Budapest）的路上，車流量就和台北一樣多。有輛看起來很七○年代的廂型車，裡頭蹲坐幾位青少年一直開窗注視著我們有點招搖的背包，縱使我們已經騎入車陣，還是擺脫不了那讓人渾身不自在的眼睛。

恐怖旅社？

我們花了好一番工夫才找到位在布達佩斯的 hostel，它座落

在城市裡一條四通八達的大馬路旁。推開一扇不起眼卻將近 100 公斤重的古老木門，好在它很有自知之明的設有自動關門功能，不然一天下來不知道有多少老人推這個門推到雙手爆青筋（看起來很壯的我們，其實不折不扣是個手無縛雞之力的弱女子）。

　　一走進屋內，彷彿掉進了寶萊塢電影的場景，超級適合吃上一碗熱騰騰的番紅花搭配騷味重一點的羊肉咖哩飯。這裡說不上是古色古香，但在破舊中暗藏了一股神祕力量，牆上剝落的油漆中可以嗅到陳年霉味，角落的天花板也有隻小蜘蛛全神貫注在和牠的晚餐纏綿。沿著玄關走到了中廊的露天中庭，有幾位正在幫忙翻修、身材沒有很壯碩的工人和一旁凌亂堆放的砂石磚塊，陽光折射中，可以看透散布在空氣中活躍的塵粉，也多虧他們的點綴，讓這陰森的建築增添了一點生氣，不然就很像隨時隨地可以直接來上一段恐怖旅社的現場拍攝！

　　這間 hostel 的屋齡少說也有一世紀，卻出乎意料有個現代科技最重要也最人性的發明——電梯（掌聲鼓勵！！）。只是國外的電梯和他們的地鐵一樣，幾乎都要手動開門才有辦法進出，這點讓我們那習慣全自動開關門的大腦非常不適應，常常會忘記開門，還傻傻站在電梯裡外不知道在等誰！

　　在電梯的移動中，聽得到齒輪不是很靈活的運作聲響，讓我們的心跟著上上下下，忐忑全寫在臉上，內心想著：「如果真的電梯出事了，我們從人間蒸發或是直接去了 2046 也沒有人會發現！」因為入住三天的日子裡，沒見過什麼鄰居，除了第一天傍晚中庭裡那幾個臨時演員充當工人外，其他天剛好遇上國定假日併例假日，連演員都休假去了，整棟建築說有多可怕

就有多可怕……

　　我們住公寓的 4 樓，正好是叫天天不靈、叫地地也不會應的中間樓層。房間沒有想像中的可怕，而是簡便的乾溼分離衛浴設備和一張素雅的純白色雙人床。現代化的裝潢雖為這棟頗具歷史感的百年老屋注入新血，仍掩蓋不住年華的盛衰和人情的聚散，紅色地毯上有訴說不盡的往日情懷。

　　Hostel 的屋主快速介紹完各項注意事項並告訴我們最需要的 WiFi 密碼，在收過房租後的一秒鐘就變成神隱少年；我們在短短的幾分鐘瞭解有些人在地球上的互動，一輩子應該就是這麼一次，緣份不會再有，也不會期待再次邂逅。隨著他轉身離去，我們更難抽離這個空間，好幾回都有誤闖導演王家衛電影《花樣年華》那個年代的錯覺，害我們好期待能遇到誰。

1__ 布達佩斯街景。感覺又走進了另一個片場。
2__ 兩晚 36 歐元乾淨又便宜的住宿
3__ 從城堡區俯瞰布達區。

餓壞肚子又撞壞腦子

到了這個國家，食衣住行育樂前得先兌換他們專屬的貨幣。這個麻煩，讓我們感念歐元通行無阻所帶來的便利。布達佩斯的遊客很多，因此歐元在部分商店和餐廳是可以流通的，但多數攤販、小吃店還是只收匈牙利福林。

我們在布達佩斯三日的停留，發現大家口中物價便宜的匈牙利，好像也不是真的那麼回事。應該是首都和觀光業太發達的關係，感覺一切商業到讓人渾身不舒服；餐廳員工的服務態度、觀光客必點的套餐……，空氣中好像散發著一股濃厚的銅臭味。

我們最後一晚抱持著「寧願餓死也不想受商人一肚子氣」的態度，在一間寫著得過牛排第一名的餐廳前面徘徊，最後實在太餓了，雙雙很沒志氣的走進牛排館。餐點意外的稱得上物美價廉，服務生的服務態度還不錯，也完完全全不「匈牙利」，

多瑙河西岸的布達區（Buda，圖右）與東岸的佩斯區（Pest，圖左），合為布達佩斯。

這才讓我們找回一點美感，不然真的不知道該如何開口介紹這個城市的豔麗。

在這裡我們也觀察到的一些事。好多餐廳外面都會寫什麼餐特價，結果進餐廳才知道那個特價套餐有時效性，重點是外頭也沒寫；又或者像中央市場裡的一些小吃會把商品樣品擺出來，上面清楚的標價多少，一旦買了才知道那個價錢不是代表能買到一個完整商品，可能加個醬價錢另外算。我們有遇到這種事，雖然沒有貴得太離譜，但就是有種不老實的感覺！

回到我們的住處，我常常等不了姊姊熬夜找尋接下來的沙發，只要睡意一來，一倒頭幾秒就能進入與世隔絕的夢鄉，尤其是在飯店或旅館，我最喜歡可以肆無忌憚像家裡沒大人那樣打呼。然而，恐怖旅社一整夜下來，沒有期待的鬼片或電鋸殺人狂的情節，直到清晨六點多的陣陣吼叫聲，讓我們告別了夜晚的寧靜。

我們永遠記得那是一個煙雨濛濛的早晨。突如其來的天搖

地動，伴隨著一個女性慘烈的叫聲，讓我們愛麗絲的夢遊仙境活生生的變成「愛你死的夢遊險境」！我們掐指也沒算到原以為沒有其他鄰居的隔壁套房竟然有住人，而且還在大家睡意正濃連太陽也捨不得早起的六點時分上演你儂我儂、一拍即合的愛情動作片！當然我們不是酸葡萄心理，只是壓根沒想過國外的室內設計也是黑心產業，這隔間用的實心水泥厚牆隔音效果有如一張薄紙，讓我們絲毫無法擺脫女主角響徹雲霄、欲罷不能的叫聲和男主角忽快忽慢的換氣聲，之後又傳來嘻嘻哈哈帶點甜蜜的打鬧聲。

1__ 布達皇宮
2__ 漁夫堡
3__ 馬提亞斯教堂

布達佩斯的夜景，又被美到了！

　　這個狀況持續了兩個多小時，引來我們莫大的不悅，因為我們可以忍受他們的歡愉聲，但是他們震動的幅度，讓靠在床頭滑手機的我們幾度感受到板塊擠壓和劇烈撞擊下釋放的能量。大概就像是有人抓著我們的頭去撞牆，大腦損傷程度應該有達到意外險理賠的門檻。

　　於是我們起身把我以前當兵學到的技能拿出來。在專業的聽聲辨位和判斷下，循他們的房門走去。我們氣沖沖的來到餘音繞梁的那間套房外，看到門口黑底白字的寫著「Private」。我們推測這不是 A 片工廠是什麼？！如果敲門就算面試，我們把絕無僅有的一次機會就這樣放過了（很俗辣吧！），默默的走回房間。

　　就這樣，在 100 多天的腦殘遊記之中，有一個原本美好的早晨，在匈牙利的首都布達佩斯，被狠狠撞壞了！！

亞得理亞海
之珠

Croatia

　　之前在盧森堡停留期間，認識了一位很談得來的克羅埃西亞漂亮寶貝 Maria。因為她，讓我們進入克羅埃西亞時身上帶著幻想和憧憬，還有很像媽祖娘娘保佑的一股小小安全感。

　　令人印象深刻的是從布達佩斯騎往這個國家的路上，我們走 M6 這條高速公路，不只人煙異常稀少還要付過路費。騎著騎著，我們的機車還一直勾到路上不知纏了幾千年的蜘蛛絲；在那個當下，蜘蛛絲使我們聯想到從凡間走過的天使遺留下的頭髮，讓這原本就很荒涼的路更增添了幾分迷人的神祕色彩。

　　後來愈騎路變得愈小條，不由得愈來愈害怕，在順利接上出入境口的產業道路，才稍稍鬆了一口氣。在入境處難得經歷環歐中第一次海關仔細盤驗，連當晚停留當地朋友家的資料都

要鉅細靡遺的交代。經過時間的淬鍊，我們面對表情嚴肅的警察們已經沒有一開始的生澀和害怕，畢竟都走過一些國家、開了一點眼界，就算下一秒得被遣返什麼的，好像也不覺得有什麼可惜了。我們在眼皮的顫抖下拿著護照和機車持有證明，順利的踏上了他們美麗的土地。

　　住在奧西耶克（Osijek）的朋友非常親切的迎接我們到來。我們一起去一間門庭若市的餐廳吃義大利麵和披薩，色香味俱全的一餐外加豪邁的份量，兩個人不過 10 歐出頭。厲害的是吃那麼飽後，接著大家又有辦法像空腹一樣去當地有名的 St. Patrick's Pub 牛飲！

　　在和克羅埃西亞朋友及他女友聊天的過程中，最妙的話題就是我們竟以《美少女戰士》這部卡通串起彼此迥異的童年，突然間我們久違的少女心馬上活了過來，當下真的覺得彼此的

騎在往奧西耶克的路上。

距離又更近了些！

在這個國家，檯面上使用的貨幣是克羅埃西亞庫納。有些店家對歐元來者不拒，但是基本上換點庫納在身上還是比較保險。因為偏遠地區就不是那麼國際化，可能會遇到身上有錢卻買不到東西吃的窘境。此外，我們覺得歐元在這個國家變得好大，麵包很便宜，常常一個不小心就一口氣買了十來個，然後吃到最後整個名副其實變成麵包超人。看著愈騎愈慢的機車，我們才意識到這無聲的抗議是來點醒我們體重增加的事實。由於一切實在來得太令人措手不及，我們倆被迫面對機車騎不太動的問題，然後開始上演互相怪罪行李太多的戲碼，結果我們不約而同採取治標不治本的方法，忍痛丟掉了一些很捨不得丟掉的行李，到頭來兩人都沒有要減肥的意思！

在克羅埃西亞另一個比較麻煩的問題是，我們在入境時，海關要我們拿著護照在 48 小時內到警局完成出入境登記。正常來講出入境沒有這個遊戲規則，可能是我們看起來非常可疑，於是在朋友的陪同下，我們跑了兩間警察局才完成登記（因為他的戶籍地址不在第一間的管轄範圍），登記完不知不覺一個早上又過了。

這些警察如果以為我們要偷渡，那也未免太多心了，要偷渡的話我們會選平均所得全球排行前幾名的盧森堡，或是巧克力醬最便宜的德國，okay？！不過看在義大利麵那麼好吃的份上，我們是可以把克羅埃西亞納入第三個考慮偷渡的國家。

我們從克羅埃西亞經波黑的塞拉耶佛（Sarajevo）、莫斯塔爾（Mostar）再一路向西南，終於到了有著「亞得里亞海之珠」

1__奧西耶克的夜
晚很安靜。

2__奧西耶克的沙
發主人帶我們
前往警局登記
的路上。

稱號的杜布羅夫尼克（Dubrovink）。杜布羅夫尼克古城就是知
名影集《冰與火之歌》劇中「君臨城」的拍攝場地。當地朋友
帶著我們踏上老城的同時，我們就像小粉絲目睹國際巨星一樣
興奮，不敢相信眼前這座遭受戰爭狠狠摧殘的老城，還能在修
復後展現如此驚人的美麗，也難怪城裡頭大街小巷的石頭地面
會被來來去去的遊客走到發亮。看著像被打蠟過的地板宛如上
過一層淡妝，讓古城蘊藏了脫俗的氣質和美麗外，更增添了幾
分不可一世的貴氣！

　　回程沿著海往北走，由於克羅埃西亞和波黑的領土劃分非
常特別的關係，我們常常不知道騎在哪一國，不時的出境和入
境這兩個國家好幾次，拿出來的護照收進去又拿出來。我揹著
背包又得一直上上下下，當下真的有想要把藝名改成「激怒李
維」的衝動了！只能說波黑和克羅埃西亞的沿海美得好像畫，
山也壯觀得很不真實，美不勝收的風景讓我們目不暇給，一路
上只能不斷讚歎大自然的偉大，也開心世界上還有如此淨土。

奧西耶克的行人專用橋

　　在欣賞東南歐的美麗之餘，我們覺得比較難過一點的就是在餐廳、麵包店或是商店買東西的時刻。因為我們不愛吃豬肉製品，所以當詢問是不是牛肉、雞肉的同時，礙於語言的關係常常上演學牛叫、學雞叫的戲碼（其實波黑最主要的宗教是伊斯蘭教，所以不喜歡豬肉的人其實不用擔心會吃到豬肉）。如果在演完之後對方還是一副皺眉的表情，我們就得演到他們看得懂為止。除了想抱怨一下這真的很傷我們多年來建立的玉女形象外，同時看到了語言溝通的重要性。最後才想到一件事，幹嘛不帶著動物的照片就好？何苦啊（本身自己愛演居多）！

1__ 俯瞰杜布羅夫尼克。

2__ 如果是在克羅埃西亞當司機，我想我可以一輩
子不換工作。

3__ 美得不像話！住在這裡的人良心過得去嗎？

4__ 為了讓機車保持最佳狀態，每騎 90 分鐘至少要
休息 10 分鐘哦。

5__ 杜布羅夫尼克的城牆

6__ 杜布羅夫尼克古城

// 亞得理亞海之珠

Republic

of

Serbia

塞爾維亞

奧西耶克

杜布羅夫尼克

波黑其實不黑

Bosnia and Herzegovina

　　從克羅埃西亞的奧西耶克到波士尼亞與赫塞哥維納聯邦（簡稱波黑）的首都塞拉耶佛，最快的路線也得騎 280 公里。我們一心只想趕在天還沒黑之前到達訂好的民宿。看著地上我們和車身被拉成九頭身的影子，我們燃起了夸父逐日的念頭。豈料十月中旬過後，東南歐的太陽差不多在四、五點鐘就不見蹤影，太陽在這個國家沒有想像中的熱情，因此我們常在皎潔明月的照耀下，靠著非常穩重的下盤控制平衡的在前無古人、後無來者的山裡趕路，運氣好一點就是能遇上看起來像喝過蠻牛的砂石車油門催到底的超車，順道免費贈送我們一股冷風，但是往往一個轉彎就馬上看不到他們的車尾燈，整條烏漆嘛黑的山路時常只剩我們不是很亮的車頭燈和刺骨寒風。

1__ 起先一開始很嚴肅、後來很親切的波黑海關

2__ 這間是超市，也很像往墾丁路上會看見的店家

墓啊埔也敢去？

　　入境波黑時，海關盤查超乎預料的久，而且我們沒算到入境這個國家竟然還要當場幫機車加買保險，即便我們已經在愛爾蘭保了機車保險，而且在波黑只是短暫停留；一切的一切就在我們心不甘情不願的掏出 10 歐才解決了入境問題。在我們準備繼續趕路時，盛情難卻的被入境警察局裡的長官請進去辦公室喝咖啡，他們說不曾看過有人遠從愛爾蘭騎來而且是台灣人！因此我們在說說笑笑的過程裡就像猴子一樣供很多人觀賞，還不時稱讚包得像肉粽的我們很漂亮。我們當然只是聽一聽、笑一笑，不可能傻傻的三言兩語就請他們吃肉粽了！

　　其中有一位長官平常是業餘的機車玩家，對我們騎車環歐表示高度的讚賞外，還頻頻拿水果要請我們吃，甚至在我們一度相談甚歡時疑似要請我們喝酒，企圖延長我們在警局耍猴戲的時間。要不是還得趕路，真想直接把他們灌醉，然後請他們把 10 歐保險費還給我們！最後我們只貪杯喝了提神的咖啡後相互道別，結束了台灣獼猴的巡迴展演，也認識了在地人的熱情和可愛。

離開時已將近太陽下山的時刻，我們收起了不可愛的笑臉，看著臉上因為擔心而多出的兩條細紋，才明白原來自己沒有想像中的勇敢。穿越重山之際，我不斷想起「工欲善其事，必先利其器」這句話的重要，因為做好準備工作，就算不能讓整個旅途達到事半功倍的水準，至少也用不著走那麼多冤枉路和吃那麼多不必要的苦。我們在捷克和德國買錯的手套小如嬰兒專用，果然擋不住強風侵襲，滲進手背的風不亞於冷凍庫的低溫，而且我們邊騎邊抖的樣子，不解釋人家還以為我們在跳熱舞加上樹影幢幢，我們看山也不是山了，騎過的路一度似曾相識，有鬼打牆的錯覺。然而，一旦專心騎車就像機器人一樣很少和後座乘客互動的姊姊，也耐不住痠痛的跟我說她的手快得職業病了。我心疼之餘，想到即使在這座山裡怎麼了，還有一個愛我的姊姊，這樣就夠了！

　　快到我們訂的民宿時，導航卻在一片伊斯蘭教墓碑附近大喊：「目的地到了！！」沒有開玩笑的，我們的後背當場涼到腳底板，隨之而來一陣哆嗦！姊姊要我冷靜的找門牌，只是在井然有序的門牌流水號裡，卻惟獨找不到我們要的地址。我們趕緊詢問附近唯一亮燈的雜貨店，雖然語言溝通上有障礙，但手舞足蹈還是能跨越瓶頸。來店裡買東西的大姐意會到我們的困難後，馬上很阿沙力的棄她的東西不顧，叫我們跟著她的腳步。在上坡處，她竟然走得比我們跑得還快，而且帶著一股像幫派尋仇一個都不放過的殺氣，我們在旁邊倒像個什麼都幫不上忙卻又怕被亂刀波及的小弟。果然大姐頭一出手就知道有沒有，指著「夜總會」前看起來就是死胡同的巷子，說了一句我

1__莫斯塔爾的內雷特瓦河畔

2__不少攤販在路邊做生意。以我們幾乎一直在包山的情況下，可以感覺波黑人民的韌性很強。

3__古橋邊的好吃冰淇淋，兩球才 1 歐。

4__莫斯塔爾古橋

// 波黑其實不黑

們推測是「走到底就是你們要找的地方」之類的話。果不其然，我們很快就找到了民宿，只是找到的刹那間，在開心的同時帶著一點疙瘩，這也離墓啊埔太近了吧！

抵達民宿的時間有點晚了，老闆原先以為我們不住了，直到我們狼狽的現身，他露出冷掉又重新加熱過的笑容，還開車載我們上街買東西吃。值得一提的是，他開車技術也太好了吧！在進退兩難的小路倒著車油門一踩，時速少說 60 起跳，比我正常開車還快，不用付錢就能享受到六福村遊樂設施才有的刺激感。我們也是在那個時候才深深體會到生命的可貴。

墓啊埔旁的民宿老闆把房間布置得跟新娘房沒兩樣，一走進去溫馨到讓我們像極了待嫁女兒。晚上睡覺時，不知道是不是周遭磁場的關係，阿嬤走進了我的夢；跟曾經發生過的情況一樣，我們陷入需抉擇是否幫她做出插管急救的緊急決定。終於我們勇敢的在夢裡向醫生說不要急救，結果因為這樣，阿嬤的狀況竟然變好還能正常說話，甚至聽得懂我們說很愛她……！這個夢跟真的一樣，表達了我們的懊悔也填滿了生命中的遺憾。後來，我好捨不得離開那張床（想賴床就說，還硬掰理由！）。

在波黑，沒有兌換當地貨幣會覺得很難過活，但也不至於餓死，因為民宿老闆說歐元是政府也開放通用的貨幣，但我們還是經歷過在首都用歐元買麵包卻碰壁的情況，在其他地方像加油站也只收馬克（BAM)，所以建議換一點馬克在身上。此外，他們的油價和物價在歐洲來講算非常便宜，而且加油站除了提供不用付錢的廁所，現場還有工作人員幫忙加油的各項服務，好幾次到加油站都有回到台灣的感覺。最值得分享的是在遊客

必去的莫斯塔爾古橋周邊賣冰淇淋的攤販，兩球看起來非常濃郁可口的冰，老闆也是很大愛的只賣 1 歐元；吃進去的每一口都讓我們對這個國家愛不釋手！

　　踏上這個有歐洲火藥庫之稱的巴爾幹半島，其實我們帶著好多緊張和害怕遊走在當地。網路上有些資料提到境內仍有一些區域還有戰爭當時的地雷和未爆彈，因此我們抱著自己陽壽應該未盡、小命不該絕的僥倖心理闖了進來，卻帶著一點揮之不去的感傷離開。

　　走過大大小小的城鎮，看到繁榮的地方很繁榮，未開發的地方還是一片荒蕪，城鄉差距非常顯著。在幾處人口密集的住家，仍看得到戰爭過後的滿目瘡痍和等待被重建的斷垣殘壁。在這個也有不少觀光客的國家，難能可貴的是他們卻能維持一貫的服務品質和態度，還讓人感受到滿滿的熱情，我們想這應該就是為什麼歐洲人這麼喜歡來這裡渡假的原因吧！

　　讀過幾篇當地歷史，看著街上春風滿面的人們，很難想像他們是怎麼從 1992 年到 1995 年間長達三年多的激烈內戰中存活

莫斯塔爾隨處可見的戰爭殘骸

下來，怎麼渡過一路重建的日子，又怎麼找回現在如此燦爛的笑容。看到他們在夾縫中求生存的毅力及不向命運低頭的韌性，我們很希望這個國家能有更多安定社會的力量，也希望他們能夠如陽光般繼續散發那令人敬佩的「一笑泯恩仇」功力！

　　另外還有一件事令我們始料未及。之前那群請我們喝咖啡的波黑警察裡，有一位長官的朋友是雜誌社編輯，他對我們兩個亞洲女生騎很陽春的機車環歐感到很有興趣，還把我們的故事放在克羅埃西亞的機車雜誌中報導，這算是我們邁向台灣之光的第一步吧（自以為……）！？

非去不可的人間仙境

　　從波黑再度繞進克羅埃西亞，絕不能錯過的就是赫赫有名的世界遺產——十六湖國家公園。不只克羅埃西亞當地朋友，連法國的朋友，甚至是在克羅埃西亞餐廳認識的荷蘭朋友們，大家都口徑一致推薦這是一生一定要走過的自然風景區。在波黑和克羅埃西亞間頻繁的出入境，本來以為邊境警察都是親善大使，誰知道我們在克羅埃西亞竟然差點吃上一張 12 歐的罰單，原因是我們的機車「在大白天沒有開車頭燈」（人家又沒有進隧道！！）。後來姊姊極力說明當下沒開燈是因為準備停車受檢，於是警察也半信半疑的以口頭嚴厲規勸，所幸後來全身而退。但假如真的被罰款，我們也會覺得很冤枉，總不會有人在白天因為我們沒開燈，就沒看到機車上的駕駛和乘客外加包包這些龐然大物吧！！

1__十六湖的民宿

2__克羅埃西亞的最後一個城市里耶卡
　　（Rijeka），這是市區裡的小市集。

3__因為靠近義大利，所以里耶卡餐廳的義大
　　利麵一點也不遜色，兩份 17.5 歐。

4__位於里耶卡市中心的路德聖母教堂

　　如果整趟環歐行程中所遭遇的凜冽寒風和崎嶇路途是魔鬼給的考驗，那讓我們有如置身於天堂的十六湖，就是通過考驗後所能得到的最佳獎勵。一路上有十分貧瘠卻壯闊綿延的山巒，緊接著又是平地又是小小的沼澤，連著此起彼落，無垠無涯的高山。看著眼前的萬重山和廣大遼闊的土地，我的內心除了驚豔之外還充滿害怕；怕途中機車故障、怕無法攻頂，更

十六湖國家公園，相機拍不出我們看到的美。

怕揹包包坐到脊椎斷掉。當下我什麼都不敢說，擔心會左右姊姊的心情，於是揹著背包小心翼翼在後座看風景，深怕一個不注意就掉進畫裡。

在姊姊看似什麼都不怕的帶領下，我們不疾不徐的一一攻破障礙，從有人騎到沒有人，從高速公路騎到羊群亂竄的小路，從精神抖擻騎到一度眼皮睜不開。然而，在經過高速公路上的一個收費站，待我繳完費用正要通過的同時，柵欄瞬間重重放下，害我當場慘遭一記「當頭棒喝」，當下馬上確診自己回台可以領殘障手冊了！後來，記不得經過幾個上坡和下坡，我們終於到了夢寐以求的十六湖，而且還幸運的住進前一晚訂的一間民宿，只花20歐就非常乾淨舒適（但老闆娘說用洗衣機要10歐，早餐一人也要7歐，直接來搶我好了！）。

我們到十六湖時已經超過參觀的時間，在著急的當下走到售票處，看到售票口的人員雖然下班了，入口卻沒有封起來，而且裡面還有參觀的遊客和來回走動的管理員。我們學其他遊客若無其事的走了進去，意外的省下兩人要價台幣一千出頭的門票費，這對無法開源只能節流的我們來說，倒也不無小補！

一走進這個國家公園，眼前的景象真的非常壯麗，簡直是人間仙境，能看上這美景一眼，我認為就算被柵欄打死也很值得啊！結果在我們入園之後陸續還有遊覽車載著亞洲臉孔的遊客成群結隊的進來參觀。假如遊客繳的團費裡包含門票，選這個時間點帶團入場的旅行社也太狡猾了吧！可惜天色暗得很快，在導遊的帶領下，婆婆、媽媽、阿公、阿伯都像行軍一樣趕行程，即使眼前風景再怎麼迷人，都讓人看得好有壓力。真的很慶幸我們不是跟團來的啊！！

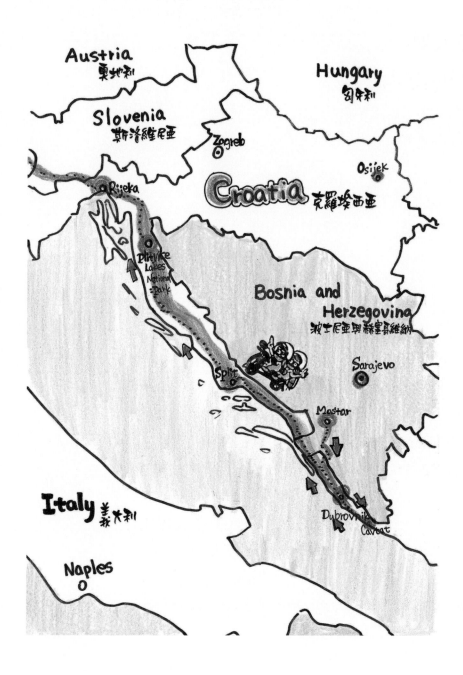

義大利，
騎到沒力

Italy

　　一路從克羅埃西亞向北往義大利行駛，意外路經一個國家叫斯洛維尼亞（Slovenia）。姊姊曾招待過一位斯洛維尼亞的攝影作家，卻很可惜沒有時間在此多做停留。

　　入境義大利，邊界的大街小巷早已佈滿一輛輛機車迎接我們到來，當下真的有種回到台灣的錯覺。可惜在有這麼多機車的國家，法律就多了更多細項規定，例如 150cc 以上的機車才能上高速公路。因此，我們以為在氣候最怡人、鮮肉最多的義大利會最得心應手，卻因為山路最多、石板路最多、機車最多、交通最亂，這裡成為我們環歐以來最多磨難的地方⋯⋯

　　首先，住的部分，我們在威尼斯和佛羅倫斯都沒有找到想待的沙發，於是只好另外訂住宿。威尼斯島上的住宿費用高出

威尼斯周邊很多，所以我們選擇住在離島上 30 幾公里的特雷維索（Treviso）鎮上。

藉著 Airbnb，我們住進了一位既時尚又「玩美」主義的貴婦家，三天要價 80 歐元。如果是住在威尼斯，像樣的房間一晚可能就超過 80 歐了。此外，汽機車停車費也非常可觀，私人停車場停放機車一天也要價 15 歐（坑人，用燒的比較快！），還好我們在威尼斯橋下的警察局對面找到了開放式停車位，也省下一筆可觀的費用。提醒旺季騎機車來的朋友最好能早點出門，以免嘗到車位限量的殘酷。

住貴婦家覺得滿值回票價的，除了看到不一樣的人生態度又可以沈浸在藝術的饗宴中。銅色框架的透明玻璃門，背後掛著花瓣造型的剪紙，擋不住屋內大大小小裝飾品的華麗，還若隱若現的浮出金碧輝煌的古典感。原本不被期待的樓梯間，掛

威尼斯潟湖見證了這個城市歷經多少興衰盛敗卻又屹力不搖。

上一幅幅看起來都大有來頭的畫作，讓爬樓梯這個動作巧妙的變成一種享受；整體裝潢簡直到了極度奢華和過度講究，連地上擺放用來擋門的小物也被一顆顆美得發亮的水晶球體取代。最讓人羨慕的是黏在廚房櫃子上那些世界各地的大小磁鐵，一眼就能窺探貴婦世界的廣大，卻也讓姊姊多年來在各地收集的形形色色磁鐵，一比之下明顯的相形見絀。

　　在威尼斯除了可以欣賞各式不同風格的建築，還可以參觀多處免費的展覽。嘴裡吃著濃郁可口的冰淇淋，看著水上華麗的貢多拉和帥氣船手的同時，感受到眼睛也像在吃冰淇淋。走入迷宮般的大街小巷，到處都有可愛的紀念品、叫賣的商人和路過的遊客；這裡圍繞著繁華和美麗，卻讓人聞到很濃厚的商業氣息，憂愁似乎也朝我們走來。

　　從前許多詩人詠頌的威尼斯，據說除了能讓人徜徉在視覺的眼福外，走在街上撲鼻而來的是各式各樣的多國料理，還能大享嗅覺和味覺帶來的震撼。然而，曾富甲一方的威尼斯早已

1＿威尼斯本島
2＿聖馬可鐘樓
3＿聖馬可廣場

今非昔比，伴隨著大量觀光客湧入，很多餐廳也已不敵趨勢而悄悄的掛起飯店招牌。

在威尼斯的民生問題方面，上公用廁所的費用可以高達 1.2 歐元，因此我們通常都是利用上餐廳的時候順便借廁所，其他如廁的時間就盡量排在喝咖啡、吃冰淇淋的時候。

我們還發現藏在巷弄裡、只有賭性堅強的遊客才找得到的威尼斯賭場。賭場門票一個人 10 歐，我們憑著一日船票背後贈送的免費入場券入場。在大廳查明驗身的過程有點麻煩，裡頭的玩家和荷官也不知道是輸錢還是贏錢的各個表情嚴肅，但這個賭場還有便民之處如下：一進門右手邊就有非常乾淨的廁所和寄物櫃，如果行李很重的背包客，也可以進去賭場寄放（前提是這個詭計沒被發現），這裡還有非常重要的資源，就是免費的 WiFi，當然運氣好的還可以賺一點盤纏！

距離威尼斯本島不遠的小離島——彩色島、玻璃島和麗都島，都有很值得一探究竟的美景。如果買一日船票（24 小時），

不用到行軍的程度一天應該也可以逛完！可惜部分沒有公德心
的觀光客肆意在他人土地上大呼小叫，甚至製造髒亂，因此當
地居民沒有想像中熱情，但我們仍相當喜歡彩色島的建築及它
的慢活步調。

　　想起威尼斯的美好，一定要特別感謝的是台灣的好朋友
──小粉圓和他的漂亮老婆以靜。在旅遊一開始就得知他們要
來歐洲度蜜月，我們滿心期盼可以在歐洲與他們來個相見歡，
也因為這個動力，我們更加努力鞭策自己及早完成這一連串計
劃。像是跟大自然談好的約定，我們沒有遇到下雪，也很巧的
在西北歐變冷的時候就抵達溫暖的南歐。我們就跟計劃裡預期
的一樣，開心的在威尼斯的飯店裡吃著他們特地從台灣帶來的

1__彩色島

2__玻璃島上的小店

3__麗都島，威尼斯影展在這個島上舉行。

泡麵和餅乾慶祝見面。

　　吃過西方的一些美食，但真的沒有什麼比得上來自家鄉熟悉的味道。除了想要表達對他們的感謝外，我們想要傳達給大家的消息是，他們一抵達飯店，飯店工作人員便詢問是否有購買 Wi-Fi 的意願，費用是 5 歐。他們的團員幾乎人人都掏出 5 歐取得一小張的 WiFi 密碼後，才發現原來大家的帳號和密碼都一樣，頓時有種上當的感覺！用這個故事提醒大家，像這樣的店家在歐洲不可能只有一間，而他們也不可能是唯一一批上當的遊客！雖然才 5 歐，但每個人的 5 歐加起來，5 歐就已經不是你想的那個 5 歐了！總之，我們冒著可能被義大利黑手黨暗殺的風險來分享這則訊息，希望能幫助大家省下口袋裡的 5 歐！

騎到快往生的佛羅倫斯

如果我是母雞，那我想，從威尼斯到佛羅倫斯的 310 公里路程，就在我下半身快沒有知覺的時候，我孵的蛋應該已經變成小雞了。但是我絕對不會是一個好媽媽，因為我一路上坐到屁股和腳都很麻，滿腦子最想吃的就是椒麻雞。

我們在佛羅倫斯的 Airbnb 屋主看起來不像義大利人，比較像藝人曾志偉。一開始他說他的英文不好，我們以為他是謙虛，後來才發現不是！他向我介紹房間和衛浴設備時，還以為沒有人發現的偷偷把法文和義大利文穿插在英文句子裡，之後也一連串什麼跟什麼的，大概只聽得懂他說他最大的小孩 20 幾歲，手上抱著那個嗷嗷待哺的嬰兒也是他兒子，然後就沒有別的了。我們想他是怕我們以為那是他的孫子吧！

在這個屋主家，我們有語言障礙，但不足以構成生活上的問題，反倒是在現代化的家庭裡，他們怎麼會沒有民生必需品熱水壺（飲水機好像是台灣才特有的產物，我們在歐美沒看過）？還有最困擾的是連續兩晚睡覺都不知從哪裡冒出一堆蚊子。身為旅人外在環境是很容易克服的，只是真正不舒服的是不知道為什麼房東們要製造出讓住在同一個屋簷下的房客有裡外不是人的感覺，好像走進他們家的我們打擾了他們共享天倫之樂。每次在走廊上的不期而遇，都有一種你們怎麼會在這裡的感覺！其實我真的也想問我自己怎麼會在這裡啊？！

很感謝沙發衝浪裡的每一個真正想要認識朋友、瞭解異國文化的好人，因為他們，我們的旅行才能特別美好！大概是被

沙發主人們寵壞了，現在遇到那些只是把家裡多出的房間當成生財工具的屋主，卻不願意打通內心那道封閉的牆，即使免費提供一張舒眠的乳膠軟床和豪華的衛盥空間，我們也可能連一晚都不想多留（更何況他們收費不低）。

在佛羅倫斯這個文藝復興發源地，有多處令人讚歎的景觀，像著名的老橋、聖母百花大教堂、米開朗基羅廣場、共和廣場、舊宮、風光好幾世紀的彼提宮和美第奇家族，以及佛羅倫斯最具歷史代表性的烏菲茲美術館等等，還有好多處我們來不及走完的景點。

我們好喜歡這裡絢爛的陽光、冰櫃裡五顏六色滿到變成尖塔的冰淇淋、All'Antico Vinaio 三明治裡塞到快掉出來的餡料、我們誤打誤撞發現的 Gelateria dei Neri 店裡好吃的冰淇淋和他們

從米開朗基羅廣場俯瞰佛羅倫斯。我們是走上來的哦！

家冰櫃裡一款驚為天人的提拉米蘇、很多觀光客都指名要來的 Yellow Bar 裡的披薩，還有米開朗基羅廣場前沒穿衣服的大衛和那一整片免費的佛羅倫斯美景，以及舊宮前閱歷過無數遊客的雕像⋯⋯

接下來要提醒大家的是，走在街上也要留意路人，因為瘋子可能比你想得還要多。故事發生在佛羅倫斯，走在老橋旁，當我們專心沈浸在眼前的美景時，迎面而來的一個路人在面對我們不到一步的距離，突然間像吃錯藥的對著我大叫，當下我的三魂七魄被嚇到散落一地，反射動作要衝去打他時，才看到他是打扮成老虎的街頭藝人，此時他一陣放聲大笑，竟然還有臉伸出虎爪跟我要錢⋯⋯天啊，一個無冤無仇的陌生人想活活把我嚇死，看到我命大沒死，又想硬生生把我氣死，面具裡的這個人到底懂不懂「禮義廉恥」這四個字啊！不過這天外飛來的小丑，也道盡了街頭藝人混口飯吃的悲哀和遊客不知道要說什麼的無奈⋯⋯

義國兩治

在你們剛上床睡覺的時候，我們已經在佛羅倫斯通往羅馬共 310 公里的山間小路上；在你們睡飽飽，起床準備伸懶腰的時候，我們差點積勞成疾在路上斷氣！

那一段路，應該就是俗稱的「天堂路」！整整騎了八小時的山路，九彎十八拐，還要揹著巨無霸背包，在這要命的 310 公里之後，我更加確定我的人生已經提早面臨了早發性椎間盤

1__老橋

2__聖母百花大教堂

3__義大利好多小車

4__臉的部分可以麻煩幫我馬賽克嗎？吃冰吃成兩倍大了……

突出、下半身麻痺、末梢血液循環不良、骨刺、五十肩……等症狀；生平第一次體會到以前阿嬤嘴裡一直嚷嚷的「坐不住」是什麼感覺！

在羅馬找沙發有點難度，畢竟它是義大利首都，觀光業相當發達。但我們還是在阿嬤保佑下遇到一位很棒的沙發主人！主人 Maurizio 剛好也是一名不老機車騎士，他告訴我們很多羅馬的大小事。從他嘴裡我們得到一個最重要的訊息，就是連教宗都愛的老橋冰淇淋果然便宜又好吃！此外，他還教我們煮真正道地的義

大利麵，雖然我們也吃不太出來有什麼不一樣（白教了……）！
最特別的是，他是第一個看得出來我們戴的安全帽不是很安全
的朋友。在歐洲隨隨便便一個安全帽動輒台幣好幾千元起跳，
他還堅持要送全罩式的安全帽給我們，我們花了好一番工夫才
謝絕他的好意（因為我們的安全帽有畫阿嬤，說什麼也不能把
她留在義大利），也再次感受到義大利人的溫暖！

　　羅馬，好壯觀，一整個城市都是故事！真的很難三言兩語
道盡羅馬帝國留下來的古蹟，即使是還在修復的競技場、斷垣
殘壁的古羅馬市場、梵諦岡的聖彼得大教堂……都好古色古香。
一路上可以看到義大利人不分年齡層都好時尚，看起來已經
七十來歲的阿嬤還硬要穿高跟鞋爬坡；也聽說他們新一代年輕

1＿聖天使城堡
2＿免費參觀羅馬競技場的方法
3＿納沃納廣場
4＿羅馬人民廣場上的雙子教堂

人的想法是就算生活困苦，債台高築，出門打扮也要啪哩啪哩，車子還開法拉利。

每個人的心中，是不是都有一個想去的地方？而我想到的地方，不遠，就是條條大路都會通的羅馬。我覺得我的夢暫時圓滿了，即使在這個時候圓寂，人生好像也沒有白活了。

順帶提一下，在羅馬的行程中，我們順道經過了一個國家梵諦岡（Vatican City），為我們這次旅程的國家數多添一枚。有趣的是，在義大利除了梵諦岡之外，東部還包夾了另一個國家聖馬力諾（San Marino）。聖馬力諾沒有加入歐盟與申根公約，台灣人可免簽入境，180 天內可停留總計不超過 90 天，停留天數不跟申根地區合併計算。

位在梵諦岡的聖彼得大教堂是世界最大的教堂。

對於要繼續往義大利南邊前進的我們，羅馬眞的是一個很重要的中繼點。只不過羅馬的朋友和朋友的朋友都非常不建議我們再長途跋涉到拿坡里（Naples），他們口裡說出來的危險、眼裡釋放出的恐懼，更激起我們想一窺這個城市的慾望和好奇心。於是我們上路了，才南行一小段路，對向車道有一輛車在我們面前飛起來，還在原地轉好幾圈才停下來，一整個很像電影《玩命關頭》的特效，害我們好擔心是不是什麼壞預兆！

在海風吹拂下，我們到了拿坡里！到這裡順便朝聖一間我們喜愛的演員茱麗亞蘿勃茲來過的百年披薩老店。有她的光環加持，難吃就是好吃，好吃就變超級好吃了，重點是沒因為人滿為患而哄抬價格！吃過披薩後，我們又去了沙發主人 Antonio 推薦的另一間餐廳，那裡的披薩我覺得比老店的還好吃！

離開餐廳，我們意外的看到了當地的亂象，就是在餐廳外幫忙指揮交通和分配停車位的人竟然不是餐廳的員工，而是一些不知道哪裡跑來的路人，等你要去牽車的時候，他就會過來跟你收錢（變相的要過路費）。當他跑來跟我們收錢的時候，我們故意裝不懂，心裡很想回他一句：「路又不是你家的！」只是我們不敢（很怕惹到黑道），不過倒是有很多時間跟他演戲，後來當然是沒付錢啊！據我們觀察，有些專業一點的路人還會穿交管衣，顯然來跟我們收錢的不夠專業。

千里迢迢騎到拿坡里，如果說只是為了披薩，其實眞的不必，歐洲到處都有好多美味的披薩呢！其實我們是為了到卡布里島的藍洞才安排踏上這個城市，殊不知竟然和藍洞擦肩而過，眞的很可惜，但是我們碰到一群來自台灣的叔叔、阿姨們，他

1__ 為了吃這一餐，我們騎了 200 多公里……
2__ 拿坡里市集

們一行人自助旅行暢遊義大利，讓我們有他鄉遇故知的喜悅，才稍稍淡忘錯過藍洞的無奈。

卡布里得天獨厚的絢麗，即便是陽光很隨意的灑在海面上，折射在這個島上的每一寸光線，都能讓我們拍出來的照片像出自大師之作。這裡環境幽美，路很狹小，公車也比一般看到的還迷你可愛。坐上公車繞過一座座小山，不知是風景太美了或大家意識到前後來車交會的危險，所有人都不約而同的發出小小驚呼聲。不過公車費用頗貴，每一小段路就收 1.8 歐（超搶錢的，畢竟是觀光地區）。此外，這裡還有類似香港太平山那種纜車，一趟也是 1.8 歐，也可以體驗看看。

坐船回到拿坡里，還好我們停在港口附近的機車沒有被偷走，算是不幸中的大幸（治安真的不好，等你們來了就知道）！值得開心的

是我們在這裡遇到的沙發主人 Antonio 是個長得很像哈利波特的大學生，年紀輕輕就已經交手過很多世界各地的朋友，很大方的把他漂亮的家與旅人們分享，而且說服他的父母親一起體會當沙發主人的樂趣。最妙的是他們家竟然有兩包來自台灣還沒煮過的珍珠和紅豆，因為他不知道怎麼煮所以我們就很熱心的幫他們煮珍珠紅豆湯。誰知道紅豆竟然熬到深夜姿態才慢慢放軟（根本就是跟我作對），大家撐著眼皮暖完胃就馬上入睡。

　　整個騎經拿坡里的路程一直讓我們想到屏東（尤其是有廟會活動時的），水洩不通的交通、互不相讓的駕駛，甚至是不帶安全帽的年輕人，都讓惡名昭彰的拿坡里多了幾分親切感，所以我們猜想有在南部混過的讀者到了拿坡里，或許也會有回家的感覺。

1＿來比薩斜塔能不舉手扶一下嗎？

2＿卡布里島

威尼斯

佛羅倫斯

羅馬

拿坡里

// 義大利，騎到沒力

差點回不去法國，
南法

France

離開拿坡里，我們回到羅馬，征服比薩，路過五漁村（Cinque Terre），來到了義大利最後停留的城市——熱那亞（Genoa）。熱那亞的沙發主人叫 Gianluca（Luca），巧的是，我們前一晚在拉斯佩齊亞（La Spezia）的沙發主人也叫 Luca。

Gianluca 每個禮拜五都會去參加舞會。跳舞前大家都會準備一道自己的拿手菜到會場跟大家分享，我們被 Gianluca 邀請前去參加，莫名其妙的就吃了最道地的義大利料理。說到跳舞，我是還滿能扭的，只不過這裡的人不是跳熱舞，而是國際標準舞，我們完全是英雄完全無用「舞」之地！

重點是那個舞也太妙了，就是大家一直繞著人群轉圈圈。我勉強下去跳了好幾回後，突然眼前一片黑暗，整個人在舞池

1__ 白天從主人家外拍熱那亞。
2__ 在主人家外拍熱那亞的夜景
3__ 主人帶我們參加舞會。

中央當場暈眩；我的舞伴也滿倒楣的，轉得正嗨的時候，竟然要攙扶我這個老太太去旁邊休息。原以爲裝死就沒我們的事，誰知道陸陸續續有人看不慣我們兩個亞洲女子在那邊納涼，一直禮貌性的邀我們共舞，害我們得一下子錄影、一下子恢復場地、一下子又假裝去廁所的裝忙！那個晚上是我這輩子跑最多次廁所的一晚（根本沒那麼多尿）。想不到停留在義大利的最後一晚會如此有趣！

接著我們各自騎機車回家，由 Gianluca 帶路。重點是他明明看起來是個讀書型的老實人，騎起車來竟意外是個古惑仔。他在山上小路不僅來去自如，還讓有女車神封號的姊姊追得有點辛苦（也不想想姊姊還載著一個胖子）。我們回到家時，他老神在在的樣子感覺像剛翻完一本聖經。

　　準備休息的時候，因為 Gianluca 住巴黎的姊姊傳訊息跟他報平安，我們才得知當晚法國巴黎經歷了嚴重的恐怖攻擊（剛好是十三號黑色星期五）……。正好我們隔天就要回法國，突然發生恐攻，法國總統緊急宣布所有邊界都要控管；除了擔心在巴黎的朋友安危，我們也超級擔心回不去法國。善良的 Gianluca 馬上很會安慰人的說，如果回不去，再回來找他，他再想其他方法。這個強心針一打完，我倒頭馬上就睡著了，還睡得很沈（跳舞真的有累到）；姊姊則因緊張情勢徹夜難眠。

　　清晨和 Gianluca 吃過早餐後，我們忐忑的上路。我們停留在一間靠近南法的義大利餐廳吃午餐，從頭到尾大家的眼睛都沒有離開過電視螢幕，全神貫注在新聞報導上。離開餐廳，不知道是吃太飽還是更靠近南法邊界的關係，我們更加沈重的騎到了法國。

　　第一次看到邊界有荷槍實彈的警察在站崗，現場還有記者架起錄影機在拍攝來來往往的人車和大家的一舉一動。一個小小的入境區被大排長龍的車輛擠得水洩不通；足足十多台排隊的車輛，唯獨我們載著大包小包的這台機車最可疑，加上我們自己在那邊緊張，整個就是很像畏罪潛逃的犯人（還好昨晚有充足的不在場證明）！我們忐忑的通過檢查哨前，竟然沒有人

攔我們，而且連護照也沒看，就這樣放我們入境了！跟新聞上講的嚴格盤查、停止邊界出入境等消息也差太多了吧（媒體幹嘛嚇嚇人啊？）！

南法這一大片蔚藍海岸，真的很漂亮，只是不知道是不是舉國都在哀悼，遊客好像也還不敢大搖大擺的走上街頭，這個週末變得很不像週末。而我們在這個月黑風高的夜裡，低調前往沙發主人 Gerhard 家。

就在我們抵達 Gerhard 家的前二十幾分鐘，導航突然很像吃錯藥的把我們引導到一條都是下坡的小徑。我們抱著很懷疑的心態騎到底，竟然出現一個不曉得哪裡來的柵欄把路都圍了起來，只剩下一個人身可以過的縫隙。當下我們陷入一個要不是把機車抬起來，要不然就是解體機車的抉擇，可是這兩個選項我們都做不到（機車太重了），所以在那邊僵持不下。後來發現，只要車身傾斜個 45 度角就能通過了，還好只先拆了車牌和兩顆輪子（開玩笑的，哪來的工具啊？而且，我們有這麼笨嗎？）。

Gerhard 是一位退休船長，是住在法國的德國人，有著一個很特別的中文名字——阿述慕達。一進屋就有種說不上來的想哭，眼前這個貼心的朋友對我們這兩個陌生女子也太好了吧（讓我們想起在比利時遇到的德國沙發主人 Udo）！他安排我們自己住一棟獨立式的小木屋，還準備好晚餐迎接我們到來；他煮的鮭魚蝴蝶麵，我們發誓那真的是我們這輩子吃過最好吃的義大利麵了。晚餐時間沒記錯的話是從七點開始，離開餐桌已經是晚上十二點多了，還超級捨不得跟他說晚安！

那個晚上，我們聽了他豐富的航海經驗（全世界應該剩台

在往南法的路上

灣沒來過）；他在 73 歲的時候拿著拐杖，揹著背包，花了一個多月徒步從南法走到西班牙聖地牙哥朝聖的故事；他的人生觀、世界觀（他真的很關心國際間的新聞，連台灣和中國之間的愛恨糾結他都瞭如指掌），還有以他豐富的閱歷對恐怖攻擊做出一系列深入淺出的分析，而且他還是一個很有規律也很認真生活的人，會把旅遊、朝聖的照片製成書，還在上面寫日記，每一張照片都記載得很清楚，一點都不馬虎。

隔天起床，他又準備好一桌豐盛的早餐，上頭還有一碗得來不易的蜂蜜；Gerhard 露出得意的笑容對著照片指出脖子腫成跟貝果一樣大的膿包，取蜜的代價讓這頓盤中飧變得好珍貴。我們從旅行以來都不想要當個理所當然的客人，也不覺得自己就是客人，只是一直頻頻受到大家熱情的款待，點滴真的都感念在心頭。對了，他養的狗叫 Pepsi，很愛黏人，也很可愛，聊天過程裡只要跟她對到眼，她就會過來跟我們討拍（討打？）。其實我們本身也是愛狗人士，只是 Pepsi 好像一直不知道自己已經不是小狗了（她已經三歲了），我們也不知道怎麼讓她接受她是大狗的事實，因此，她一個熱情的伸手或是當著我們的面衝上來（還助跑！！），都讓我們很怕受重傷！

旅行中，我們沒有預設要認識誰，像這樣一個特別的朋友，對我們來說根本是不太可能遇也不可能求，但是在前一晚的餐桌上，差點害我們哭出來的是 Gerhard 告訴了我們一句話，他不是一個會接受每一個想來認識他的沙發客，但所有他招待過的，他都知道他做的決定是對的！一個萍水相逢、相處不到 24 小時的朋友，竟然能讓我們在離開他之後都一直強烈的感到難過與

失落，他真的是老天爺給我們這趟知性之旅裡最棒的禮物。我們一直很希望他能來台灣，快來接受我們熱情的招待（現在就等我們家的貴賓狗長大囉）！！

沙發主人百百種

　　旅行，讓我們學會了跟生命裡的美好事物說再見；上一秒還走不出離開 Gerhard 的難過，下一秒我們已經進軍坎城（Cannes）了。可能是沒有影展又是淡季，人潮沒有我們想像中來得多。在普羅旺斯還沒有看到一大片薰衣草，但它卻一直用很熱情的陽光歡迎我們到來，讓我們感受到無比的溫暖。生活已經慢慢的回歸正常，大家也好像調整好心情面對未來人生可能面臨的悲歡離合；法國朋友們說，他們生活的哲學就是要

位於尼斯的圖書館 La Tete Carree Library

勇敢面對未來，跟以前一樣上街喝咖啡、出門約會、欣賞舞台
劇；他們要用行動證明他們不會屈服於恐怖份子暴力的威脅下，
即使生命不幸受到迫害，也決不低頭！就如同他說的，坎城街
上的咖啡廳外都坐滿了用餐的人。

　　我們的行程來到了很有名的馬賽（Marseille），沙發主人一
男一女都是大學生，會玩音樂，年紀輕輕就非常的有人生目標。
女生叫 Arianna，是義大利威尼斯人，特地來法國讀書，講了一
口流利的義大利文、法文和英文，而且我們拜訪的當天她剛好
要準備隔天的重要考試，卻還能人來瘋的跟我們一起來上一段
「Happy Hour」，真的很怕會影響她考試的成績（她本人都不
怕……）！

　　星期日晚上的馬賽，沒有什麼營業的店家，加上街上隨處
可見的塗鴉，和零星聚集的少年，讓走在路上的我們比平時多
了一點擔憂，卻也在得知這裡的物價很親民後就鬆懈了，立刻
對這裡的想法改觀，即便大家都說這裡的治安不好，即便我們

內心還是有一點點的忐忑……

男主人 Leo 特別推薦我們的餐廳，不是什麼高檔或排隊必吃的那種人氣餐廳，店內表現的風格卻非常有自己的特色，服務生也不像巴黎餐廳遇到的那麼的不可一世。礙於語言的隔閡，在彼此交互的努力下，我們點了很好吃的麵，重點是每一盤實實在在的份量，讓人誤以為他們是在餵豬（天生使命感，無論如何都要掃盤）！

短暫停留馬賽，往蒙貝利耶（Montpellier）前進。那個晚上，我們到了法國朋友 Yann 的家。Yann 好有才華，他當場做了兩個法式鹹派（Quiche），口味不同卻都超級美味（吞口水）！在睡覺前他不忘做好隔天的早餐——法國麵包，還教我們怎麼做法國道地的可麗餅！天啊，完完全全就是帥翻了！特別的是像他這麼會煮菜做麵包的人，烹飪也只是部分興趣，他還曾當過一年的浴火英雄（如果他有出消防員月曆，我應該會買）！

走過蒙貝利耶、佩皮尼昂（Perpignan）、科利烏爾（Collioure）和無數個南法城鎮，覺得這一帶海岸眞的好美。也許印象裡騎過的歐洲街景都好像，而這裡的陽光和海的顏色讓回憶更深刻；坦白說，是高速公路上一百多公里

1＿馬賽市區
2＿坎城街景
3＿型男可麗餅教學
4＿蒙貝利耶喜劇廣場，民眾聚集幫巴黎恐攻受難者祈福。

就要價十幾歐的過路費，讓我們不得不狠狠的多看幾眼，才這麼刻骨銘心啦！

　　這趟旅程裡，我們在佩皮尼昂還認識了一個很特殊的朋友 Henry，如果不是他，我想我們永遠也不會知道瑞士的監獄這麼高級（一個囚犯住一間套房）！他是一個浪子回頭的法國朋友，曾經因為吸毒嗑藥而在瑞士被逮，在瑞士監獄度過人生中正值黃金歲月的十年；出獄後的他，雖然在攝影興趣裡找到了自己的定位，看著桌上一袋袋藥包，卻有著說不盡的感慨。以前吃藥是不懂事，現在懂事了卻變成要吃醫生開的藥！

　　其實，旅行裡真正要感謝的是這些走進我們生活，豐富我們的故事的人們。沒有他們，我們一輩子好像也不會有機會和特定的人有交集，活著也不會知道世界上這麼多人到底都如何編織他們的人生故事。看著眼前這個人和他養的兩隻可愛的大黑狗、大白狗，生活裡要的不多，除了一直認識很多朋友外，三餐都能溫飽，好像就是人生最大的滿足了。

1__蒙貝利耶

2__從法國到西班牙途中順道拜訪的美麗小
鎮科利烏爾

　// 差點回不去法國——南法

因為一個人愛上
一座城

Spain

　　騎機車的瘋子們最後一個想征服的國家是西班牙。要從西
班牙回南法，如果我們夠勇敢，還有一個更瘋狂的路線，就是
繞進去安道爾（Andorra）；它是我們在規劃行程時才知道的一
個超級迷你小國，境內很多高山，在冬天容易下雪，是歐洲人
滑雪和血拼的聖地（境內購物免稅）。我們在西班牙的時候，
天氣也滿冷的，朋友說安道爾已經在下雪了。雖然我們在克羅
埃西亞和義大利已經累積了一些翻山越嶺的經驗，也沒那麼怕
了，但基於安全考量決定不貿然前往，不然連同機車可能會變
成雪糕。然而也因為很近卻沒有入境，所以算是我們旅途中的
一個小遺憾，未來應該也不會有機會專程飛到安道爾滑雪（除
非中樂透）！不過，這個體驗對我們來說就是一種學習，學著

在人生的旅途上做出抉擇，也要知道如何取捨（Let it go，淚已夠，累已夠……）。

在法國和西班牙的交界處，景色很多變；一下子山、一下子綠地、又一下子湖泊、一下子海，應該就是這些奇特的風景，才造就那麼多富有想像力的藝術家和設計師。到巴塞隆納前，我們騎到了鬼才達利的故鄉菲格拉斯（Figueres）。看似一個純樸的小鎮，隱藏著一座外觀新穎，造型十分顯眼的建築，就是達利自己設計的美術館。美術館內的每一個角落、每一件作品都是達利展現才華的舞臺。我們又不小心因為一個人而愛上這座城了！欣賞畫作的同時強烈感受到自己缺乏藝術天份的落寞與前所未有的空虛，饑餓的不斷在他細膩的筆畫間找尋自己能吸收的養分。可能是隔行如隔山又加上我們沒有慧根，只好靠食物來補足內心的空洞。

在這關鍵時刻，想起在佩皮尼昂認識的沙發主人 Laurent 強力推薦這附近的一間 L'ou d'or 餐廳，我們二話不說立即前去朝聖。剛好也看到餐廳牆上掛著達利本人到此用餐的照片，我想這裡的餐點就算沒有給過他靈感，一定也提供他很多養分吧！我們自己吃過也很真心的推薦給大家。一份有前菜、主菜、甜點的午餐，只要 14.8 歐（我們不是有錢人，只是歐洲這樣的餐廳 CP 值算高了），而且已包含瓶裝水、紅酒（白酒）和稅。我們在前往巴塞隆納（Barcelona）一、兩百公里的路上，平常吃飽就有夠想睡，喝完酒眼皮幾乎無法張開了，竟然還要逼我導航，有沒有搞錯？！

　　看著太陽換成月亮，我們總算騎到了沙發主人 Ray 的家。
Ray 是一個從法國來西班牙發展的編曲家，也是一個熱血的機車
騎士，在這裡闊綽的買了一棟豪宅，在他們家的頂樓能俯瞰巴
塞隆納市區的夜景。特別的是他喜歡交朋友，樂於分享，本身
也有在經營 Airbnb，卻願意以沙發衝浪來接待我們，讓我們在
四天三夜的停留裡無比的感激。我們以幫忙整理他家小花園做
回報，只是他們家眞的很乾淨整齊，我們根本沒幫到忙，Ray 卻
很高興，還一直跟我們道謝。一個小小的舉手之勞，我們各自
都得到了快樂，何樂而不爲呢！有時在充滿遊客的城市會有點
小迷失，不知道自己該抱著什麼樣的角度和心態欣賞當地的美。
在旅途中，一直像燈塔引領著我們，給我們方向感的就是這群
朋友，使我們處處感受到溫暖和關愛，那是花錢也買不到的，
也是旅行裡最珍貴的回憶。

　　巴塞隆納眞的很難讓人家不愛它，除了本身有好多讓人走
到鐵腿的景點，在建築師高第的鬼斧神工下把這個城市打造得

1__ 達利博物館門票一人 12 歐。
2__ 達利博物館，遠看或瞇眼會看到林肯。
3__ 這間很好吃，沙發主人推薦的餐廳。

好可愛，好有自己的特色，更讓巴塞隆納擁有許多令人嘆為觀止的建築和設計，成為西班牙最大的驕傲，更棒的是這裡還有好多讓人吃到快成為「特腫部隊」一員的美食。

我們只安排停留四天實在非常可惜，在這裡待四個禮拜應該都逛不完。至於此地物價，印象深刻的是酒類很便宜，其他也沒有特別便宜或特別貴。我們去了兩間人氣餐廳，在點餐的時候，很容易陷入商家推出的套餐模式，套餐的價錢總是很吸引人，前菜、主菜、甜點、飲料一共 10.45 歐，但份量都很像兒童餐，吃完會沒有飽足感（一分錢一分貨！）。另一個饕客會去的是喬瑟夫市場，裡頭說起來就是日常生活的蔬菜水果糖果和豬牛羊魚肉市場，還有熟食的攤販，特別的是不管是賣什麼，店家都會把自己的商品擺得很像是什麼藝術品，顏色和燈光都搭配的恰到好處，讓平淡的生活裡多了好多美麗的色彩。

1__巴塞隆納主教座堂，門票 7 歐。

2__巴塞隆納街景

3__聖家堂，全世界唯一一座還沒建好就已被
　　列為世界遺產的建築物，門票一人15歐。

4__夜晚的西班牙更迷人！

5__蒂比達博山上的聖心聖殿

6__巴特略之家，門票 21.5 歐。

　　此外，想說的是也許很多人都知道的基本常識。加泰隆尼
亞是西班牙境內自治區的其中一個，加泰隆尼亞的首都是巴塞
隆納，而巴塞隆納也是西班牙的第二大城市（有點饒舌）。來
到菲格拉斯和巴塞隆納，菜單上除了西班牙文外，另一個是加
泰隆尼亞文（兩個都看不懂！），這一區多數人也都是說加泰
隆尼亞語，我們是到當地才注意到加泰隆尼亞，也才知道它與
西班牙政府之間的關係（它們一直想獨立，但西班牙政府不承
認），也驚覺自己過去太封閉、見識太短淺，除了只在意哪間
餐廳東西很好吃、咖啡很大杯外，完全都不關心世界的大小事，
好像有點悲哀……

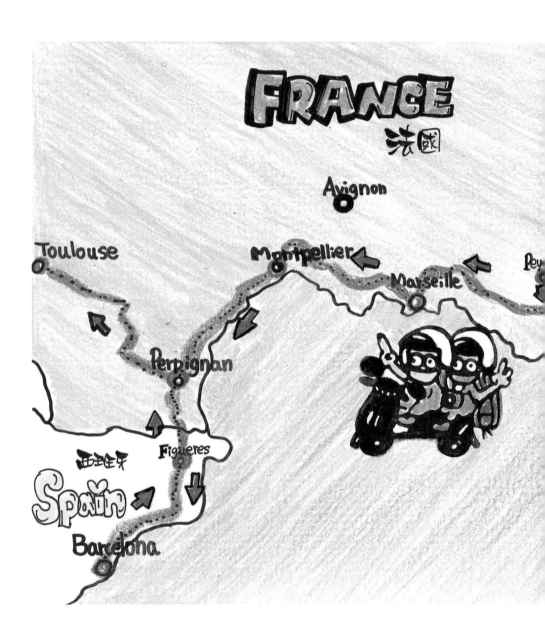

尼斯

坎城

蒙貝利耶

巴塞隆納

　// 因為一個人愛上一座城

大雨也澆不熄的
法式熱情

France

　　西班牙巴塞隆納的天氣很好，陽光也很暖和，一回到法國就明顯的感受到氣候的改變，溼冷的雨天讓法國左半邊的風景有點淒涼。一連好幾天的空氣裡都嗅得到雨味，也沒有把希望寄託在太陽身上，而是期待能在最後這段回程的路上遇到比陽光還溫暖的好人。

　　下一個停靠的地方，是有粉紅玫瑰城之稱的土魯斯（Toulouse）。我們在這裡遇到的沙發主人 Nicolas，他的工作是規規矩矩的氣象觀察員，但私底下的他除了對氣象研究有很大的興趣外，也對人非常有熱情。我們吃過飯後到他家，就看到他準備好一大盤法式點心要招待我們（熱量都超過一餐），他還帶我們去當地年輕人愛去的酒吧認識他玩音樂的朋友。

隔天 Nicolas 說他有事先出門，我們起來整理行李後，他就大包小包的回來，手上拿一大袋現做的蘋果派和巧克力麵包，還有一堆瓶瓶罐罐的東西。有一罐看起來就很重的玻璃罐裡頭裝的是當地最有名也最古老的家鄉菜卡酥來砂鍋（Cassoulet）、薰衣草茶包、蜂蜜、薰衣草糖果等等，他很大方的邀請我們一起吃早餐，隨後就說看得到的那袋都是要送給我們當紀念品的！我們太驚訝了，一路都遇到這麼多好人，而且我們不是真的要客氣，是那瓶卡酥來也太重了！我們快爆胎的輪子，好像無法再忍受我們沒有節制的進食和攜帶紀念品。在拒絕不了 Nicolas 的好意下，我們帶走了小罐的禮物，帶不走的卡酥來，Nicolas 強力推薦我們在路上要找個餐廳點來吃看看，這樣才算有來過土魯斯！

1__ 往土魯斯的寂寞公路，看起來陽光普照，但其實冷到我們不得不停下來補充熱量。

2__ 土魯斯的主人，沙發衝浪是他的生命。

土魯斯的新橋，其實是 16 世紀就存在的古蹟。

之後來到昂古蘭（Angoulins），我們在雨天提早出發，跟著導航來到了沙發主人 Michèle 家附近。Michèle 是一位非常有活力也很活潑的媽媽，她的笑讓人印象深刻。因為她喜歡和人互動與交流，再加上可以貼補家用，所以除了 Couchsurfing 之外，她也經營 Airbnb，來她家裡拜訪過的客人，把一本訪客簿寫得密密麻麻的，可以看見多少人曾經被她熱情的款待過。那天雨下得很大，我們的安全帽、手套和雨衣都溼答答，她還貼心的開暖爐烘乾，她簡直是我們的太陽啊！

後來，她的女兒 Maële 順路載了女兒 Nayeli 和兒子 Saïan 回家吃晚餐，小孩在幼稚園裡學到的英文還不太能對話，所以我只好趁 Maële 和 Michèle 不在附近的時候，拿出我學過卻所剩無幾的法文單字、片語和句型，想盡辦法跟他們聊天。

在這個甜蜜的家庭裡，最感人的部分是 Michèle 養的一隻黃

我們愛昂古蘭的這家人。

金獵犬叫 Volcan，年紀很大卻像個小孩一樣跟我們撒嬌，看到牠背上有一處明顯的掉毛區塊，我們細問下才得知 Michèle 原本養了兩隻黃金獵犬，自從一隻生病過世了，Volcan 就開始不吃不喝，患了嚴重的憂鬱症，經過細心照料下才慢慢走出陰霾，但還是壓力大到會容易掉毛；想到牠們動物界也有這麼動容的情感，看了就覺得好感動，也好心疼。

浸淫在 Michèle 強大的關愛裡，我們極度不捨的離開她、她漂亮的女兒和可愛的小孫子們，強忍住悲傷的情緒。我們在一下子下雨，一下子出大太陽的鬼天氣裡，不屈不撓地撐到了南特（Nantes）。

來到南特，最棒的是我們有認識的朋友在這裡，讓我們來到這片土地就是有種莫名的親切感！這位法國朋友是姊姊之前到巴黎時認識的，他也學了很久的中文，自己取的中文名字叫艾天，他對於我們的旅行給予了也相當大的支持和關心。回程到了南特，他也剛好因工作關係在南特任教，當艾天得知我們也在南特便熱情邀約我們，而且還帶了一個來自中國好朋友和我們一起品嘗必吃的可麗餅和蘋果酒。最意料之外的是我們和這位中國友人一見如故，可能是跟他的名字叫「黃磊」有關吧？

告別朋友，離開南特，我們往迪南（Dinan）的路上順便繞去看布列塔尼的首府雷恩（Rennes），這裡也有一些特別的老建築，也有些路是由石磚塊舖成的，整體搭配起來的感覺還滿懷舊的，但騎起來超級顛簸，很怕機車隨時會解體。當地古典建築布列塔尼議會宮前的廣場已經有一個小規模的市集準備迎接聖誕節的到來了（提前一個月就在慶祝了，好有效率喔！）。

// 大雨也澆不熄的法式熱情

　　我們照著地圖上的指示騎到迪南郊區外的一間大超市，在
超市附設的加油站加油時，當時也不知道我們當天的沙發主人
從哪裡冒出來的，竟然走來跟我們說：「你們到了哦！」後來
才知道他就是沙發主人 Louis，還好我們沒在加油站鬥嘴，不然
就太丟臉了！ Louis 看到我們到來，就從家裡走來迎接我們，而
他家正好是這個超市隔壁的一間工廠混合住家的房子（超近的，
我好愛這裡！），客廳大到我們可以在裡頭打撞球。打完桌球
幾局桌球後，突然心血來潮想上演好媳婦的戲碼，我們就到隔
壁超市買菜回來，煮了幾道家常菜邀請 Louis 吃，即便不小心把
飯煮成跟粥，他也是很捧場的吃了兩碗，整個就是一個好人！

Louis 是個來法國生活的英國人，會自己造船也曾在海上漂流很長一段時間，所以算是看過大風大浪但留下一個後遺症，就是吃東西都要加超級多的鹽巴（我們在英國待過的日子，發現英國人偏好吃重鹹，尤其是薯條很愛加好多鹽巴，超死鹹！）。他家的車庫擺了一台壞掉的大冰箱，在他創意的利用下竟然搖身一變，成了煙燻鮭魚的工具，而且 Louis 還教了我們一些煙燻鮭魚的小撇步，不難，簡單來說，就是讓鮭魚在壞掉的冰箱裡燒炭自殺，自製的鮭魚就完成了。

　　接著我們一路往瑟堡（Cherbourg）前進，晚上八點半的船，七點是開始 check in 的時間。我們下午很早就到碼頭調適準備結束流浪的心情，天空一直在流眼淚，害我們原本沒有很難過的情緒變得很感傷。我們和行李在那邊淋雨，專注力一直不小心被隊伍後面那台露營車吸走；車上的那個人好隨興，一下子閱讀、一下子燭光晚餐，甚至門簾一拉熄燈就寢！

1__ 雷恩的聖誕市集
2__ 要去搭船的路上途經聞名的孤島——聖米歇爾山的入口，竟然只能遠觀。

反觀我們不知道在幹嘛！這麼早到沒有獎勵就算了，還讓我們歷經好幾場無情的風雨，看著背包和雨衣上演乾了又溼、溼了又乾的戲碼。雖然我們在風雨中矗立，毫不退縮，但說什麼下次一定要開 Van 來跟他們拼了！

　　在等待的數個鐘頭裡，我們在反省一路上製造的匆忙情境，搞得像我們的行程比旅行團還緊湊（其實根本都在放空，沒在趕路）。事實上，我們沒有要給讀者壓力，只是想藉由這個效果，讓大家看得出來我們是很有目標、很有想法、更知道未來在哪裡（假象），讓大家的內心除了跟著我們一起緊張，還燃起一些想效法的熱情，這樣即使再累也都值得了！

瑟堡街景

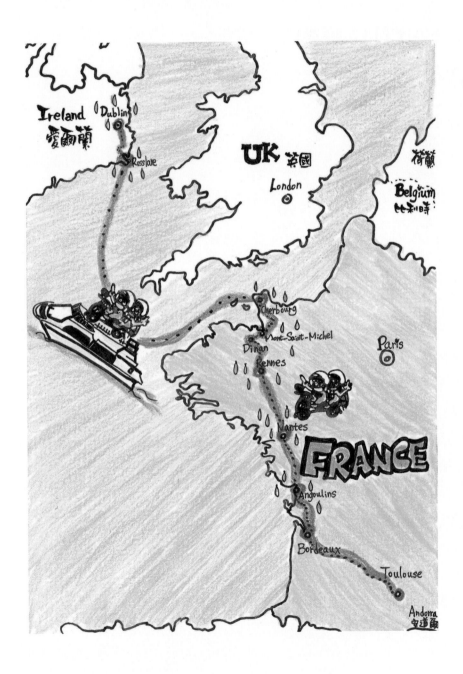

// 大雨也澆不熄的法式熱情

回不知道是誰的娘家

Ireland

11 月 27 日晚上 8：30 的船準時從法國瑟堡出發，朝著愛爾蘭羅斯萊爾（Rosslare）港口邁進。原本預期隔天中午 12：30 抵達，下船時加一個小時的時差，已經是當地下午三點了。搭船對我這個在外島當過兵的人來說，不是一片小蛋糕，是夢魘！搖搖晃晃讓人失去方向感外，載浮載沈還會讓人沒有著地感。即便台馬輪上還有一張舒適的床，在上船之前，也會給自己很多心理建設，讓暈船帶來傷害降到最小。

而這間 Stena Line 船公司賣的船票很好笑，竟然把船票和座位票（床位）分開賣。如果單單只是買船票（費用是依我們交通工具衡量，機車連人的票價約 100 歐元），上去有可能會站著到愛爾蘭，所以保險起見我們都各付了 5 歐買坐票。上船後，

才知道那天搭船的人不多，幾十人的座位區裡頭，含我們才四個旅客，我一直很好奇其他人都躲在哪裡，一定有什麼更舒服的地方不讓我們知道！！

這艘船上有遊樂器材、免稅商店、免費電影院，但這些看在我這討厭坐船的人眼裡都是心有餘而力不足的玩意。餐廳裡的早餐和午餐都是自助吧，費用分別是 12 歐和 15 歐，很想知道有誰在船上還能胃口大開吃到飽。坐我旁邊的姊姊應該也是個奇葩，在不知道幾級大浪下還有食慾，甚至能穩穩的在那邊削蘋果（害我看了更暈）！有了這趟體驗，我覺得挑戰饑餓三十應該也不是什麼難事！

再次踏上愛爾蘭的土地，天空看起來和離開法國時一樣陰，很明顯是一個下過雨的午後。原以為十二月回到愛爾蘭我們會冷到當場暴斃，結果氣溫卻異常的好，也沒有我們做夢都會害怕的下雪。真的很感謝大自然的眷顧，給今年旅遊的我們一個溫暖的冬天（其實是我有病，八月到愛爾蘭冷到哭，卻覺得十二月異常溫暖）。

似曾相識的景色，若不是因為行車方向不同，恐怕我們都還沒意識到已回到愛爾蘭。到了都柏林，開始有了淡淡的哀傷；一是即將為「環歐騎機」畫下句點，二是為曾經對愛爾蘭的物價和油價下過錯誤的註解，感到深深的抱歉。走過了一些國家，才知道愛爾蘭沒有特別貴，就油價來說，荷蘭算數一數二貴的！很多好人的丹麥，物價就非常不友善！至於法國，政府收高速公路的過路費都不手軟，應該只是換了名詞的保護費吧！看在愛爾蘭加油站的廁所不用錢，我們真的打從心裡想美言它幾句！

而且十一月的愛爾蘭，就已經有聖誕節的氣氛了，到了晚上街上都變得好美哦，也有人在路邊唱聖誕歌，也太令人期待聖誕節的到來了！

真重，再見

　　歐洲玩了一小圈，回愛爾蘭感覺就像回娘家（只是不知道是誰的娘家）。這裡是騎機的開始，也是騎機的結束。然而，環歐前就說好要跟我們買機車的那個人居然跳票了。當初因為他一句不帶任何保證的口頭承諾，我們就認定他是黑金剛下半輩子託付的人。因此，突如其來的一個悔婚（約）有如晴天霹靂般打亂了我們的計劃，也打擊了人與人之間的相互信任。但無論如何，一定要趕在離開前把機車過戶出去。

充滿聖誕節氣氛的
都柏林

黑金剛辛苦了！

回到家，我們的沙發主人 Johnny 和他朋友已經提早在家舉辦聖誕派對了，Johnny 竟然還特地幫我們準備了小禮物，整個好像真的在過聖誕節。

隔天中午離開 Johnny 家，我們準備和下一個沙發主人 Pavel 相見歡。Pavel，他長頭髮有點像德國的素食馬丁，也因為柏林有了一個愛吃肉的肉食馬丁，因此這位人很好又很帥的朋友，我給他封了一個美名──瑞奇馬丁。他利用上班中午休息一小時的空檔回來接我們。騎著腳踏車，揹著後背包帥氣的現身，手裡拿著特地為我們準備的披薩。看著披薩，我們的少女心完全融化了，雖然我們急著出門也就沒有烤來吃，但是已經能夠想像吃進肚裡，甜在心裡的滋味了。

旋風似的接完我們的 Pavel，又旋風似的回到了他的工作崗位，於是我們不畏風雨的出門，為機車的事情四處奔波。狼狽的穿越都柏林的大街小巷，終於在愛爾蘭標準時間晚上六點整

這個良辰吉時，幫黑金剛挑選了一戶好人家。沒有光榮的迎娶，也沒有鞭炮的參與，就這樣低調結束了一百多天浪跡天涯的苦日子。口袋裝了機車行老闆給的現金（聘金），我們難過的很想快點離開那個是非之地。我們對黑金剛的下場深感抱歉，賣了它就好像把女兒賤價賣進了青樓，卻深信將來日夜騎它的是個好人。想著想著，就很捨不得的在機車行裡嚎啕大哭（老闆和他的員工困惑地傻眼對看，原本上一秒還好好的交易現場，一轉眼就看到這兩個亞洲女子不知道在演哪一齣）！我們永遠記得那一幕感人的珍重再見（黑金剛是說：「真重，再見！」）。

那個晚上我們和來自捷克的 Pavel 去了都柏林他最喜歡的餐廳吃捷克料理（好饒舌！！），只有美食和啤酒才能稍稍安撫我們內心的感傷（終於不用怕會酒駕了！）。晚上睡覺前還在想著一路陪伴我們的黑金剛，在想如果它的世界就像玩具總動員一樣，關了燈，現在一定也很開心在車行裡跟其他機車說它的環歐鬼故事吧（從頭到尾都被兩個肥胖的女鬼壓……）！

離開瑞奇馬丁家的那個早上，是我們待在愛爾蘭的最後一天。因為早上要前往機場，擔心錯過班機而早起，但其實我們整晚徹夜難眠，想到即將要和眼前美好的人事物道別，就有一種深深的落寞感。然而，馬丁為我們起了個大早，還特地為我們準備了早餐，邀請我們共進離別前的最後一餐，把食物吃進胃裡暖在心裡，我也把感謝畫在送他的信裡。

他平常八點上班，我們今天一起出門的時間已經七點四十幾了，從未上班遲到過的他，堅持陪我們一起搭直達機場的公車，一路上也很紳士的幫我們拿很重的行李（默默加了他很多

1＿ 回台前在倫敦待了最後一夜。
2＿ 從民宿窗外看見倫敦，回味
　　英國的美好。

分）。我們在公車站牌處醞釀依依不捨的情緒，約莫六分鐘公
車就來了，他很貼心的幫我們把行李搬上公車，又一個人黯然
下車。看著他離去的背影，哀傷的很到位，他已經是我心中認
定今年度好萊塢最佳男主角了！！

　　我們在最後的停留裡，不疾不徐的重新回味英國的美好，
時間還多到足夠讓我們從容的回憶旅途中的跌跌撞撞。真心感
謝每一位走進我們旅行裡的特別來賓（借住沙發的我們喧賓奪
主的覺得自己是主持人），也因為他們，讓我們知道這個世界
原來那麼好，也讓我們被背包蹂躪、被寒風摧殘的三個月的艱
辛歲月裡，每一個辛苦都好值得，每一分一秒都好令人懷念。

旅行一路走來，真的感謝我的爸爸和媽媽製造了那麼多小孩，姊妹倆才能一起做伴旅行，還能沒有牽掛的說走就走；旅途中，也很慶幸彼此是有血緣關係的家人，才能攜手度過很多姊妹鬩牆的難關！很開心有彼此這麼好的旅伴，尤其是在很累的時候，誰也不用怕冷場而硬客套的說上幾句沒有營養的對話；爭吵的時候，誰也不必忍氣吞聲的委曲求全；很不爽的時候，誰也不用虛與委蛇的粉飾太平。總之我們可以很做自己，在彼此面前也可以不顧形象的笑到噴飯，或是打呼到渾然忘我，也不用害怕醒來後對方會離你而去。

　　最後想要表達的是，我們都只活這麼一次，有些人已經非常富有卻窮極一生都在追逐數字名利，從不願幫助需要幫助的人或動物，我們不懂這種人的人生意義何在。有的人擁有的不多卻願意傾盡所有幫助別人！人生這旅程，或許一路上遇過太多自私自利的人讓你忘記自己為什麼要大方善良，這個時刻，看看你的寵物、看看孩子們無邪的笑容，想想最初的自己，想像如果人生是一齣戲，希望我們都能不要活到連自己都想轉台。

　　最後謝謝大家花時間看完這本遊記，假使沒事做又還有體力的話就去生小孩吧，哦不，是去環歐吧！再見！

　　// 我們很機車的遊歐了！

怎麼看都很像三貼的機車之旅 ......

// 回不知道是誰的娘家

我們很機車的遊歐了！

125cc 歐兜拜 × 18 國 × 13889 公里 × 110 天的腦殘之旅

作者／一字眉 & 一字毛

主編／林孜懃
副主編／陳懿文
美術設計／羅心梅
行銷企劃／鍾曼靈
出版一部總編輯暨總監／王明雪

發行人／王榮文
出版發行／遠流出版事業股份有限公司
地址：台北市南昌路 2 段 81 號 6 樓
郵撥：0189456-1
電話：(02) 2392-6899　傳眞：(02) 2392-6658
著作權顧問／蕭雄淋律師
2016 年 10 月 1 日 初版一刷

定價／新台幣 350 元（缺頁或破損的書，請寄回更換）
ISBN　978-957-32-7894-8

YL**遠流博識網** http://www.ylib.com
E-mail:ylib@ylib.com

國家圖書館出版品預行編目 (CIP) 資料

我們很機車的遊歐了！：125cc 歐兜拜 x18 國
　x13889 公里 x110 天的腦殘之旅／一字眉，
　一字毛著 . -- 初版 . -- 臺北市：遠流，
　2016.10
　　面；　公分
　ISBN 978-957-32-7894-8(平裝)

　1. 遊記　2. 歐洲

740.9　　　　　　　　　　　　　　105017120